決定版
サイバーセキュリティ

新たな脅威と防衛策

Blue Planet-works
ブループラネットワークス
［著］

東洋経済新報社

はじめに

ＷＭＤという言葉をご存じですか。Weapons of Mass Destruction——。大量破壊兵器の略称です。人を大量に殺傷したり建造物などを大量に破壊したりする能力を持った兵器で、一般に、核兵器、化学兵器、生物兵器、放射能兵器のことを言います。

多くの国では、サイバー攻撃をＷＭＤに分類しています。ペンタゴン（米国国防総省）の国防脅威削減局にはサイバーセキュリティ課が存在します。つまり、今やアメリカをはじめとする世界各国は、サイバー攻撃を核兵器や生物・化学兵器に匹敵する脅威だと考えているのです。

サイバー攻撃は戦争の道具に利用されるだけではありません。コインチェック事件、日本年金機構情報流出事件、ベネッセ顧客情報漏洩事件、日本航空ビジネスメール詐欺事件、江の島の猫の遠隔操作事件……は、すべてサイバー攻撃による犯罪です。数え上げればきりがありません。

そして、狙われているのは企業だけではありません。私たちの日常生活にも、サイバー攻撃の脅威は潜んでいます。クレジットカード情報詐欺、なりすましメール、ランサムウェア、盗聴、盗撮……、こちらも数え上げればきりがありません。


サイバー攻撃の脅威は日常に溢れているのに危機感はそれほど強くない。いや、驚くほど希薄です。自分には関係のないことだと、なんとなく考えている人が多いのではないでしょうか。それが日本の実態だと思われます。

パソコンやスマートフォンのセキュリティは、元からついているソフトまかせ。セキュリティソフトを信頼して、ぼんやりしていてサイバー攻撃の被害に遭う、マルウェアに感染する、詐欺に遭う。それが実情ではないでしょうか。

私たちはサイバーセキュリティの会社です。他のセキュリティ企業同様、みなさんのネットワーク生活のセキュリティを守るために、日々、努力しています。しかし、正直に言えば、サイバーセキュリティ対策に完璧はありません。セキュリティ企業が努力しているのと同じように、サイバー攻撃を仕掛けるハッカーたちも日々、研究努力しています。いたちごっこです。裏ではたいへんな事態になっているのです。

これからは、もっとたいへんなことになります。あらゆるものがインターネットにつながるＩｏＴ時代がすぐそこに来ているからです。ネットにつながっているのはパソコンとスマートフォンだけという時代は終わろうとしています。スマートウォッチ、スマート家電など、インターネットに接続され情報通信を行うＩｏＴデバイスは、すでに人々の生活で利用され始めています。ＡＩスピーカーはその典型です。

そんなこと言われても、なんだかよくわからない――。その通りだと思います。そういうみなさんのために、本書を書くことにしました。サイバーセキュリティの入門書です。私たちの日常にどのような脅威があるのか、そもそもサイバー攻撃とはどのようなものなのか、セキュリティ企業は、どのような方法でパソコンやスマートフォンなどのユーザーの端末機や、顧客企業のＬＡＮや端末を守ろうとしているのか。そんなことを誰にでもわかりやすく解説します。

加えて、いたちごっこのサイバーセキュリティ対策に終止符を打つための発想の転換や、来たるべきＩｏＴ時代――私たちはそれをConnected Worldと名づけました――に向けてのサイバーセキュリティ対策についても考えてみたいと思います。

本書は難しくありません。やさしい入門書です。サイバーセキュリティの初心者でも読みこなせるはずです。それでいて、サイバーセキュリティの世界がすべてわかります。ぜひ、最後までおつき合いください。

目次　決定版 サイバーセキュリティ

第2章　サイバー戦争の時代　49

第3章 事件簿で読み解くサイバー攻撃 87

第4章　サイバーセキュリティ　121

第1章

日常に潜む
サイバー攻撃

1 あなたのおカネが狙われている！

「サイバー攻撃」なんて、自分とは関係のない世界の話でしょ――。

ほとんどの人は、そう高を括っていることと思います。しかし、残念なことに、そんなことはありません。サイバー攻撃は日常に潜んでいて、誰もが攻撃対象となる危険性を秘めている脅威です。

多くの人が「サイバー攻撃」を身近にある脅威と感じない理由は、その言葉の持つもののしいイメージに原因があるのかもしれません。多分、この本を書いている私たちのようなサイバーセキュリティに日々関わっている者と、読者のみなさんとでは、この言葉から連想するイメージに相当大きな差があるのだと思います。

「サイバー攻撃」と言っても、実際に槍や鉄砲が飛んでくるわけではありません。攻撃されるのは、スマートフォンやパソコン、タブレットなどの端末やＡＩスピーカー、ＩｏＴ電子機器、電子マネーやクレジットカードなどなど、インターネットにつながるありとあらゆるものです。また、「攻撃」と言っても、ウィルスに感染したり、脅迫メッセージが届いたり、大量かつ大容量の迷惑メールが送りつけられてきたりして、日常生活に支障をきたすような目に見える攻撃ばかりではありません。多くの人は、サイバー攻撃という言葉に、そうした過激で誰の目にも明らかな攻撃というイメージを持っているため、自分は誰かに狙われるほど大層な人物ではない、自分とは関係ないと思い込んでいるのではないでしょうか。

ですが、そうではないのです。サイバー攻撃は、日常生活の奥深くに潜んで、こっそりとおカネを盗んだり、動画を撮影してばらまいたりします。日々の行動を監視、盗み見され、そしてそれらの情報がデータとして蓄積され、私たちが意図しない別の目的に利用される。実は、あなたもすでにその被害者になっているのに、それに気がついていないだけかもしれません。その可能性は決して小さくありません。

しかし、気がつかないとしても無理はありません。あなたのデータの大半はもはやスマートフォンやパソコン自体にあるのではなく、クラウド上に保存されているかもしれないからです。

iクラウドやグーグルドライブなどに大容量の画像データが保存されていないでしょう

か。また、フェイスブック、インスタグラム、ツイッターなどのSNSにアップロードされた画像やコメント、つぶやきはどうでしょうか。スマホの便利なアプリが、あなたの行動情報をクラウド上に蓄積していないでしょうか。

「そんなことはない」と思うかもしれません。実感はないかもしれません。しかし、スマートフォンのいつも使っているグルメアプリ、クーポンアプリを確認してみてください。あなたの今いる場所の近くのお店を紹介するように設定されていれば、今まさにあなたの位置情報をスマートフォンは送り続けているのです。

それらのデータは、あなたの管理下にすらないのです。もはや、あなたの意思にかかわらず、あなたにまつわる情報が膨大なデータとしてクラウド上に存在しているのです。一人の人間としてのあなたと、データとしてのあなたは分離していると言えるのかもしれません。

データとしてのあなたがサイバー攻撃に日々さらされていても実感は薄いでしょう。しかし、実感はなくても、攻撃にさらされている可能性はあるのです。そして、結果として、実体の人間としてのあなたに、直接、犯罪として降りかかってくることも考えられるのです。

第1章では、そんな日常に潜むサイバー攻撃について、具体例を紹介しながら、ご説明します。ぜひ、この機会に、「サイバー攻撃」という言葉のイメージを改めていただければと思います。

さて、身近な話から始めましょう。

クレジットカードの情報を盗まれて、いつの間にかおカネも盗まれているといった、サイバー攻撃による被害の事例は枚挙に暇がありません。手口はとても巧妙で、例えば、盗んだカード情報を使って2カ月とか3カ月に1度、6000円とか7000円といった額の不正な買い物を繰り返すというような手法が知られています。

数十万円とか百万円を超える額を不正に使われ、腰が抜けるような金額が銀行口座から引き落とされれば気づかない人はいないと思いますが、月に数千円程度、しかも数カ月に1度程度であれば、不正な詐取に気づかない人は多いのではないでしょうか。多くの場合、クレジットカードの利用明細を毎回、すみからすみまでくまなく注意深く確認することはほとんどないので、気がつくことが少ないのです。しかし、2カ月に1回6000円ずつでも年額36000円になってしまいます。気づかずに10年が経過すると被害額は36万円にもなってしまうのです。

こうしたクレジットカードなどの情報は、例えば、ハッカーがあなたに狙いを絞ってあなたのコンピューターやスマートフォンを直接ハッキングして盗み出すわけではありません。そのようなイメージもまた、自分ごときがハッカーに狙われるわけがないという多くの人の思い込みを助長していると思います。

個人情報の売買には、すでにビジネスとして成立している成熟したブラックマーケットがあるのです。クレジットカード詐欺をしようと思った不届き者は、メール１本でブラックマーケットから個人情報を購入することができます。

少し古い数字ですが、２０１４年には、氏名や住所、生年月日などの個人情報は１件20銭から、フェイスブックのアカウント情報は1円20銭、ツイッターのアカウントとメールアドレスは2円70銭、クレジットカード情報は80円から８００円で売買されていました。クレジットカード情報の価格に幅があるのは、カードのグレードや付属情報で価格が変わるからです。普通のカードより、ゴールドカードやブラックカードが高額で、カード番号、本人名、生年月日、有効期限、セキュリティコード、暗証番号、引き落とし口座、カード利用履歴など、関連情報が増えるほど単価は高くなります。一方、不正に入手した情報や商品の現金化を行うブラックマーケットも存在します。つまり、カード情報や個人情報などの販売から盗品の購入まで、完結したブラックマーケットがあり、情報の流通が成立しているのです。

クレジットカード情報を悪用した詐欺の犯罪者は、あなたに狙いを絞っているわけではありません。犯罪者はブラックマーケットで買った情報の中に含まれているデータを使って詐取を試みます。そこにたまたまあなたのデータが含まれていれば、あなたが被害者になる可能性があるというわけです。こうしたブラックマーケットで売買されるデータの中に、まさか自分の情報が含まれているとは思わないでしょう。しかし、その考えもおそらく間違っています。

みなさんは過去にスマホやパソコン経由で買い物や情報入手をするために、いくつのサイトや企業に個人情報の登録をしたか覚えていますか。かなりの登録数になるのではないでしょうか。

ここで提供した個人情報は企業のデータベースに蓄積されます。企業はもちろん、この情報を守るべく対策はとっているのですが、外部のハッカーや内部の人間に盗まれて流出してしまうケースがあることは、みなさんもニュースなどで見聞きしていて、ご存じではないでしょうか。

クレジットカード情報を使った詐欺は、クレジットカードの持ち主を特定し、その人の行動パターンを把握すればするほど、発覚しにくくなります。持ち主がよく利用する百貨店や通販サイトなどに不正な買い物を紛れ込ませれば、持ち主がそれに気づきにくくなるからです。

フェイスブックやツイッター、ブログなど、サイバー空間には簡単にアクセスできる個人情報が溢れていますから、クレジットカード情報を元に本人を特定するのはさほど難しくありません。

持ち主が特定されると、さらに、いろいろな情報を収集することができます。例えば、フェイスブックやツイッターなどで位置情報を公開している人がかなりいます。無防備に位置情報を公開するだけでなく、わざわざ「○○のお店で食事中！」などと、自分がいる場所を書き込んだり呟いたりする人もいます。

銀座の高級ブティックやブランドのアンテナショップによく出入りする人が位置情報を公開すれば、標的にされる確率は高くなります。そんなところに出入りする人はお金持ちだと予想されるからです。その人が、フェイスブックやブログに頻繁に書き込みをしていれば、行動パターンが手にとるようにわかりますから、さらに狙われやすくなります。

購入履歴が盗まれていると、不正はもっと発覚しにくくなります。ああ、この人は伊勢丹や高島屋で1度に10万円ぐらいの買い物は珍しくないね。じゃ、2、3カ月に1度ぐらいなら、盗んだカード情報を使って10万円までの買い物なら、やってもばれないな――というような具合です。

クレジットカード会社は顧客の購入履歴をある程度は監視しています。あまりに不自然な買い物があると不正に利用されている可能性があるからです。例えば、昨日、日本で買い物をした人が、今日の午前はアメリカで、午後はサウジアラビアで買い物をしたりするのはさすがにおかしいので、カードが不正に利用されているのではないかと勘ぐられてしまいます。けれど、横浜に住んでいる人のカード情報を使って横浜の店で不正に買い物をしても、カード会社に不審に思われることはありません。クレジットカード情報と持ち主の個人情報や行動パターン情報が結びつくと、クレジットカード会社の監視から逃れることが容易になるのです。

今は主に実際の店頭で購入する際の話でしたが、これがネットショッピングになるとより巧妙に、より発覚しづらくなると思われます。

クレジットカード情報を詐取して不正な買い物を繰り返す犯罪の被害は、テレビなどのマスメディアに取り上げられることはありますが、その被害実態は不明です。クレジットカード会社が被害情報を公開していないことも実態が不明な理由の1つですが、そもそも、被害に気づいていない人が相当数いると予想されます。被害に気づいたとしても、数年前のことで、しかも金額が数万円程度だったとすれば、それを取り戻すために労力を注ごうとする人は多くはないでしょう。被害に気づいていない人や泣き寝入りしている人が多いと推測されるため、被害の実態がわからないのです。

そうです。あなたも、すでに被害者の1人になっているかもしれません。

2

サイバー攻撃の基礎知識

少しここで、サイバー攻撃の基礎知識について述べたいと思います。本書で頻繁に登場することになる基礎的な用語の説明です。そんなこと知っている、という方はこの節は読み飛ばしてください。

コンピューターウィルスという言葉はご存じですね。感染するとたいへんなことになる、あれです。かつては、コンピューターやサーバーに悪事を働くファイルやプログラムはウィルスと総称されていました。サーバーというのは、ネット上でサービスを提供するコンピューターのことを言います。メールサーバーやウェブサーバーなどがあり、ネットワークへの接続サービスを提供するプロバイダーなどが管理しています。

さて、かつてはコンピューターウィルスという言葉がニュースなどで使われていましたが、近年ではマルウェアと総称されることが多くなり、機能や性格によって区別されるようになりました。コンピューターウィルスはマルウェアの1種となります。機能が高度化し、ソフトウェア並みの能力を持つものが増えたため、ウィルスという概念では捉えきれなくなってきたのです。

図表1―1で示すように、マルウェアはウィルス、ワーム、トロイの木馬、に大別されます。そして、ウィルスとワーム、ワームとトロイの木馬などの複合型のマルウェアもあります。その他にも、スパイウェアやボットなど、さまざまな種類があります。

まず、ウィルスです。これはファイルやプログラムの一部を書き換えて、自己増殖するマルウェアです。コンピューターにインストールされている既存のプログラムに寄生してデータを改竄します。多くはメールで送られてきて、受信者がウィルスの潜んでいる添付ファイルを開くと感染します。破壊系のマルウェアです。

ワームも自己増殖し、データを改竄する破壊系のマルウェアですが、ウィルスとの違い

図表1-1　主なマルウェア

マルウェアの大分類

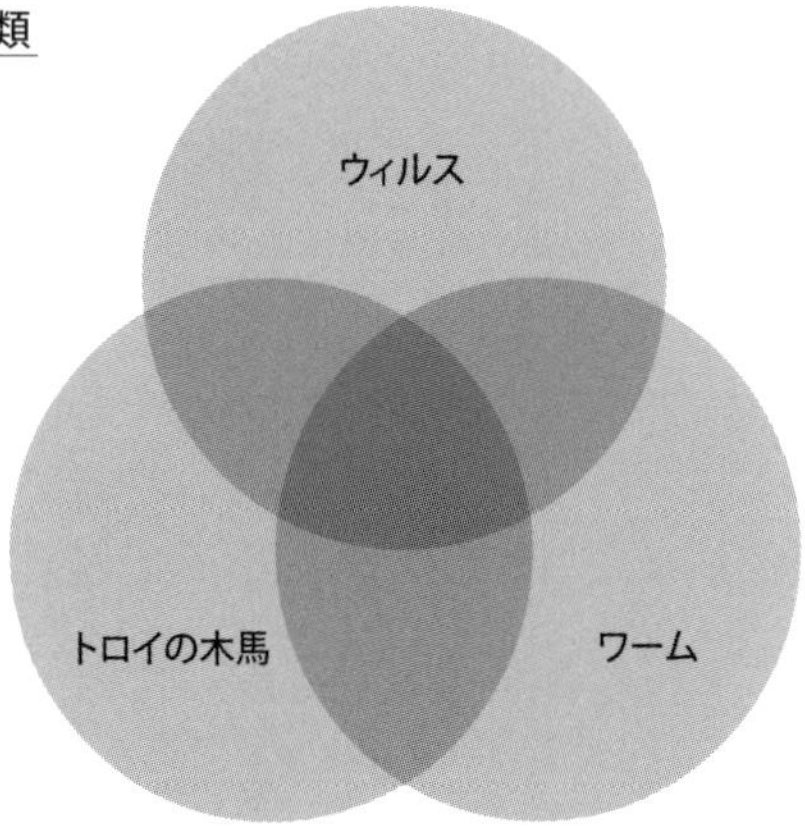

ウィルス	単体では動作せず、ファイルやプログラムに寄生し、自己増殖を行う。
ワーム	単体で動作し、自己増殖を行う。高い感染力を持つ。
トロイの木馬	有用なソフトなどを装い、そのプログラムを実行することにより、悪意のある動作をする。自己増殖は行わない。

その他のマルウェア

スパイウェア	コンピューターが受信するメールや、作成した文書などの情報を盗む。
ボット	ロボットの短縮形であり、遠隔操作を行う。
ランサムウェア	パソコンのファイルを強制的に暗号化し、それを人質として身代金（ランサム）を取得する。
スケアウェア	ユーザーを脅して恐怖心をあおり、金銭や個人情報を奪う。

は、他のプログラムに寄生しなくても単独でコンピューターシステムに入り込むことができる点です。ネットワークに接続しただけで感染するものも多い、恐ろしいマルウェアです。

トロイの木馬と呼ばれるマルウェアは操作系です。一見、何の変哲もない画像や文書のファイル、アプリケーションになりすましてコンピューター内部へ侵入し、機能の一部を乗っ取り、外部からの遠隔操作を可能にします。情報流出事件などの大半は、このトロイの木馬を利用した犯罪です。こちらも、添付ファイルを介して侵入してきます。

スパイウェアは、その名の通り、情報収集を目的とするマルウェアです。コンピューターが受信するメールや、コンピューターで作成した文書や画像、プログラムなどの情報を盗みます。ユーザーが気づかないうちにパソコンにインストールされていることが多く、一見して何の害もないため、被害に気づきにくいという特徴があります。

3 朝から晩まで危険がいっぱい

まず、図表1-2をご覧ください。朝、目が覚めてから、夜、床に就くまでに、どれほどのサイバー攻撃を受ける危険があるかを一覧にしてみました。

朝6時半、スマートフォンのアラームで目を覚まし、すぐにLINEをしました。誰かがあなたのスマートフォンをハッキングして、行動を監視している可能性があります。あなたがどこにいるか、ハッカーにはすでにわかっています。あなたの起きる時間が知られ、メッセージが覗き見されているかもしれません。

しばらくベッドに横になったままスマホのオンラインゲームをしました。これが位置情報ゲームであれば、あなたの位置情報が盗まれている可能性があります。

午前8時、駅の改札を通る際に、ICカードをタッチしました。通過情報や位置情報が

図表1-2　朝から晩まで危険がいっぱい

	媒体	場所・用途	盗まれる情報
6：30	スマートフォン	アラーム LINE オンラインゲーム	起床時間 LINE相手、メッセージ内容 位置情報
8：00	ICカード	駅改札	位置情報、通過情報
	スマートフォン	オンラインゲーム	位置情報
8：45	ICカード	コンビニ	購入履歴、消費行動
9：00	パソコン	メール	会社の情報、メッセージ内容
12：00	スマートフォン	無料Wi-Fi	位置情報
	ICカード	ランチ	購入履歴、消費行動
19：00	クレジットカード	飲み会	クレジットカード情報
21：00	テレビ	視聴	嗜好
22：00	スマートフォン	ネット通販	購入履歴、消費行動、 クレジットカード情報

盗まれているかもしれません。電車の中ではずっと先ほどのスマホゲームの続きをしていました。

午前8時45分、会社近くのコンビニエンスストアでサンドウィッチとコーヒーを購入しました。支払いは電子マネーで済ませました。購入履歴が盗まれたかもしれません。電子マネーでのあなたの購入履歴はデータとして蓄積され、あなたの消費行動は丸裸にされているかもしれません。

午前9時、会社のデスクに座ってパソコンを起動しました。メールを確認し、仕事のためウェブ・ブラウザでサイトを開きました。メールの添付ファイルにマルウェアが潜んでいる可能性があります。開いたサイトからもマルウェアが密かにダウンロードされたかもしれません。

正午、ランチタイムです。今日はいつもと違った店で食事をとろうと無料Ｗｉ－Ｆｉを使ってスマホで検索。偽スポットにつながって、あなたの情報が盗まれたかもしれません。ここでも支払いは電子マネー。

午後7時、仕事が終わって、今夜は友人と飲み会です。クレジットカードで支払いました。カード情報が盗まれたかもしれません。

午後9時に帰宅。とりあえずテレビをつけます。テレビがネットに接続されていれば、そこからあなたがどんな番組を好んで観る人なのか、個人情報が流出している可能性があります。

シャワーを浴びたあと、午後10時にスマートフォンを使って、前から気になっていたスニーカーをネットで購入しました。支払いはクレジットカード。購入履歴情報が盗まれたかもしれません。通販サイトからマルウェアがダウンロードされたかもしれません――。

言うまでもなく、現代の私たちの生活は、スマートフォンやパソコン、電子マネーやクレジットカードなどＩＴ技術に支えられています。ＩＴ音痴を自負する人でも、それらとまったく無縁な生活をするのは難しいのが現代です。そして、ＩＴを利用した瞬間、と言うよりも、ＩＴにつながったものを利用した瞬間、思ってもみないうちにサイバー攻撃に晒されている危険があるのです。

でも、いったいどうやって情報を盗むというのでしょうか。くわしい説明は第３章に譲りますが、１つだけ例を挙げてみたいと思います。

２０１７年６月に開催されたソフトバンクグループの株主総会で、孫正義社長が「無料Ｗｉ－Ｆｉはなくすべき」と発言して、世間を驚かせました。海外に比べて無料Ｗｉ－Ｆｉ

の環境が遅れているため、東京オリンピックに向けて、政府が無料Ｗｉ－Ｆｉスポットの整備を急いでいるところだというのに、ＩＴ企業のトップランナーがなんてこと言い出すんだ、というわけです。

孫社長は、オリンピックのたびに、無料Ｗｉ－Ｆｉでさまざまな被害が起こっているセキュリティの問題を指摘してきました。実際に、リオデジャネイロオリンピック開催中のリオは「ハッカーの祭典」状況だったと言われています。

リオの街には無料Ｗｉ－Ｆｉスポットが溢れていました。それには、ハッカーが設置したおびただしい数の危険な〝偽Ｗｉ－Ｆｉスポット〟も紛れていたというのです。

ある海外のセキュリティ企業がこんなテストをしたことがあります。スペインのバルセロナ空港の各所に、一見すると公式Ｗｉ－Ｆｉスポットのように見える、偽のアクセスポイントを設置しました。そして、そのアクセスポイントを、パスワードもかけず誰もが自由に接続できる状態にしておきました。

すると、たった4時間で２０００人以上のユーザーが、このアクセスポイントに接続したというのです。これはあくまでセキュリティ企業による実証実験だったので、被害は出なかったわけですが、ハッカーにしてみれば、入れ食いとも言える状態です。ハッカーが設置した偽Ｗｉ－Ｆｉスポットに接続してしまったら、おしまいです。スマートフォンから銀行口座やパスワード、カード情報などあらゆる個人情報が盗まれてしまう危険があるからです。

また、リオオリンピックの際には、危険なのはハッカーが設置したスポットだけではありませんでした。情報の暗号化などの安全対策をとらないままの、簡単にハッキングされてしまう正規Ｗｉ－Ｆｉスポットが全体の２割近くに及んでいたというのです。

安全対策が確立していない状況で、無料Ｗｉ－Ｆｉの環境を整備するとリオオリンピックと同じ轍を踏むことになるというのが孫社長の危機意識だったのです。

危険なのはリオだけではありません。すでに、今日の日本の街角の至るところに、偽スポットが設置されている可能性があります。もちろん、あなたが被害者になっても何ら不思議はありません。

4 メール1通で深刻なダメージ

なりすましメール

朝、出社すると、社員のほとんどはまずパソコンを起動し、メールの確認をします。ずいぶん前から、世界中のオフィスで日常となった光景です。受信メールには、頻繁にやりとりする得意先からのメールもあれば、見慣れない発信元のメールもあります。「知らない発信元からのメールの添付ファイルを開かない」のは、セキュリティの基礎中の基礎です。そんなことは言われなくてもわかっているという人は多いと思います。

では、頻繁にやりとりする得意先からのメールはどうでしょう。発信元のメールアドレスのスペルまでいちいち厳密に確認してから、メールを開く人がそれほど多いとは思えません。

実は、私たちのようなサイバーセキュリティの専門企業でも、頻繁にやりとりする得意先からのメールのアドレスを、社員全員が必ず厳密に確認しているかと尋ねられれば、自信を持って「もちろんです」とは答えられません。

ところが、ここに恐ろしい罠が仕掛けられていることがあります。〝なりすましメール〟です。

例えば、私たちの会社は「Blue Planet-works」という名称なので、メールアドレスには「@blueplanet-works.com」のドメインを使用しています。このドメインが「@blueplanet-works.com」となっていたら、どうでしょう。

違いにお気づきでしょうか。「blue」の小文字の「l」（エル）が、大文字の「I」（アイ）と入れ替わっています。

このようななりすましメールで添付ファイルや参照URLを送り付けてくるのが、メールを使ったサイバー攻撃の典型的な手口の1つです。添付ファイルを開いてしまうと、ウィルスに感染したり、マルウェアの侵入を許して大切なデータを盗まれたり壊されたり、仮想通貨を盗まれたりといった、さまざまな被害が発生することになります。

2015年に日本年金機構から125万件の情報が流出した事件や、2018年1月のコインチェック事件の発端は、この〝なりすましメール〟だったことがわかっています。あなたが不用意に開いた1通のメールがきっかけで、会社にたいへんな損害を与えてしまうことになるかもしれません。

ビジネスメール詐欺

なりすましメールを使った典型的な犯罪にビジネスメール詐欺（BEC：Business Email Compromise）と呼ばれている手口があります。企業のトップや財務責任者をピンポイントで狙って金銭を詐取する犯罪です。

この手のハッカーは、狙いを定めた企業のメールのドメインを乗っ取ったり、なりすましメールでマルウェアを送り込んだりして、あらかじめ機密情報を入手します。そして、例えば、その企業のトップが水面下で買収を進めているとの情報を得たハッカーは担当社員の名を騙って、「買収が成立しそうだから、至急買収資金を振り込んでほしい」などと書いたメールを企業のトップに送り、買収資金詐取を試みるわけです。

巨額の被害も報告されています。2016年1月にはオーストリアの航空部品メーカー

図表1-3　主なビジネスメール詐欺事件

	企業名	被害額
2016年1月	クリーラン（ベルギー）	約86億円
2016年1月	FACC（オーストリア）	約52億円
2016年8月	レオニ（ドイツ）	約49億円
2017年12月	日本航空（日本）	約4億円

出所：各種報道より

FACCが約52億円を、8月にはドイツのケーブル製造大手レオニが約49億円を騙し取られています。同じ年の1月には、ベルギーの金融大手クリーランが約86億円の被害を受けたことも発覚しています。

アメリカのFBI（連邦捜査局）の集計によると2013年10月から2016年6月の間に世界で2万2000社が、ビジネスメール詐欺により計3200億円以上の被害に遭っています。第3章でくわしく紹介しますが、日本では2017年12月に発覚した日本航空のBEC事件が有名です。被害額は4億円弱でした。

うちは大企業じゃないから大丈夫だと思われた方、そんなことはありません。FBIによると、1件あたりの平均被害額は1500万円とのことです。巨額の被害が平均額を引き上げているのは一目瞭然ですから、大半は百万円単位の小口の被害だと考えられます。

銀行強盗に狙われやすいのはセキュリティの厳しい大

都会の大きな支店ではなく、田舎の小さな郵便局であるのと同じで、セキュリティが脆弱な小さな企業ほど標的にされやすいということが言えるのです。大企業でなくても、あなたの企業が狙われているかもしれないのです。

5 あなたを「加害者」にする

江の島の猫

もっと恐ろしいことがあります。日常に潜むサイバー攻撃によって、あなたやあなたの勤めている会社が被害者になるだけでなく、知らないうちに加害者に仕立て上げられている可能性まであるのです。

2012年に起こったパソコン遠隔操作事件を憶えている方もいらっしゃると思います。犯人は「トロイの木馬」と呼ばれるマルウェアの1種を使って5人の男性のパソコンを操り、2ちゃんねるなどの掲示板に襲撃や殺人の予告を書き込ませました。この事件で、実際は被害者だった4人の方が逮捕されています。うち、2人は捜査段階で厳しい追及に耐えられずに、容疑を認めてしまったという恐ろしい冤罪事件です。

犯人は、江の島に住む野良猫の首輪にSDカードを取りつけ、報道機関などにそのSDカードにヒントがあると予告し、それを発見させるという手口を使ったため、大きく報道されました。

同じような被害に遭った場合、否認を続け、実際には無罪だったとしても、逮捕されたというだけで職を失ってしまう場合もあります。報道による二次被害のダメージは計り知れません。不確かでも犯罪の報道は大きくセンセーショナルに、冤罪とわかったら小さくお詫び、というのがマスメディアの鉄則ですから、1度傷つけられた名誉が回復することは非常に困難です。ネットで炎上し、ネットに実名や住所などの個人情報が飛び交い、心無い人々が家にまで押しかけて家族が外出できない状況に追い込まれるということもあり得ます。さらには勤めている職場にまで炎上などの被害の可能性が生じます。

1つ間違うと、とんでもないことになってしまうのが今のネット社会なのです。

DDoS攻撃

いつの間にか加害者にされてしまうサイバー攻撃で有名なのが、DDoS攻撃と呼ばれる手口です。DDoSはDistributed Denial of Service（分散型サービス妨害）の略で、ネットワーク上でさまざまなサービスを提供するサーバーやネットワークに過剰な負荷をかけてサービスを妨害する攻撃のことです。

DDoS攻撃は、一般家庭の無線Wi-Fiを乗っ取り、大量の家庭のパソコンに侵入して不正な指令を一斉に出すといったやり方で行われます。乗っ取るパソコンの台数は1万台、さらに多い場合には100万台といった単位になります。例えば、乗っ取ったパソコンのすべてに、10月10日の10時10分にA社のB氏のメールアドレスにメールを送信せよとか、あるいはA社のサイトを閲覧せよといった指令を出します。乗っ取ったパソコンからは、指令したメールの送信やサイトの閲覧の痕跡は消し去っています。1度に数万通のメールが送られてきたり、サイトに何十万ものアクセスがあったりすれば、サーバーはたちまちダウンしてしまいます。攻撃を受けたA社はあっという間に業務停止状況に陥ります。これがDDoS攻撃の典型的な手法です。

図表1-4　DDoS攻撃

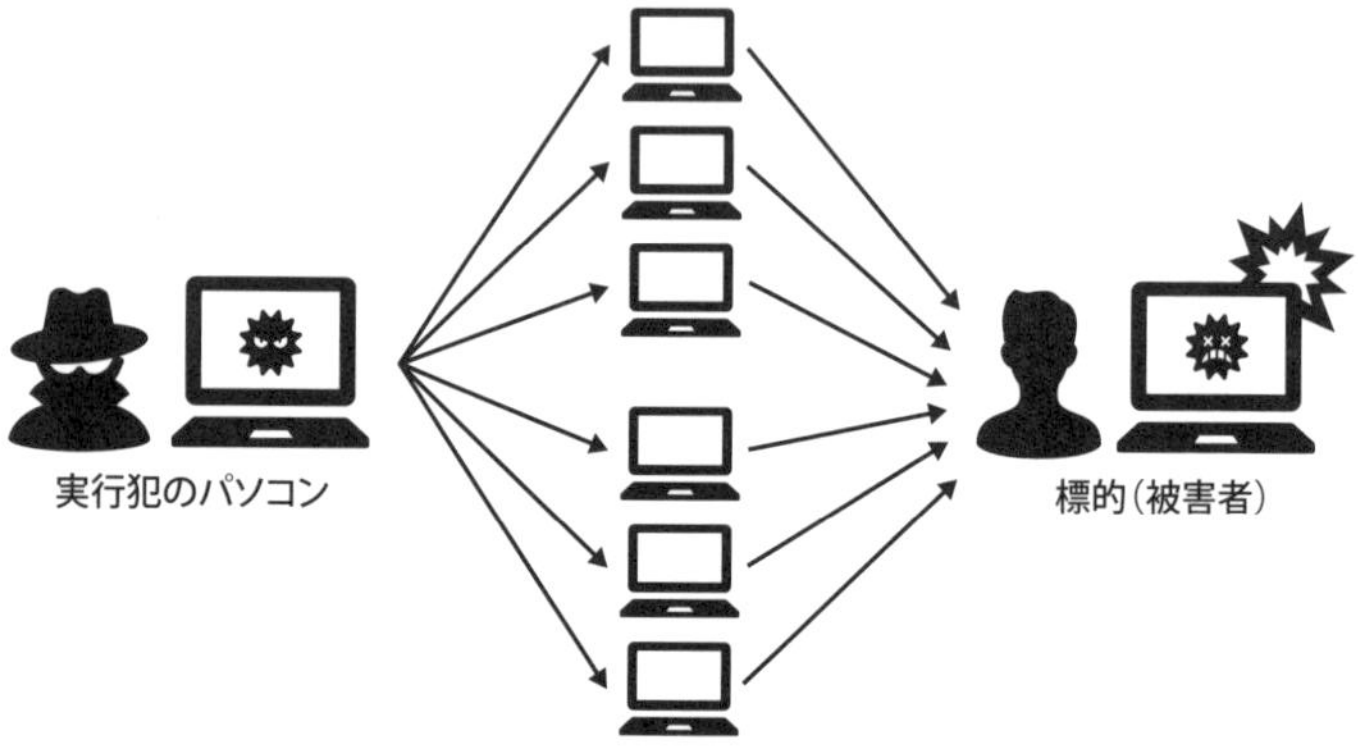

なぜ、そのようなことができるのでしょう。からくりがあります。

自宅に無線Ｗｉ－Ｆｉを設置されている方は少なくないと思います。無線Ｗｉ－ＦｉのセキュリティはルーターのＩＤとパスワードで確保されています。ＩＤは機種ごとに同じものが割り当てられ、出荷段階ではパスワードは「１２３４」とか「ａｂｃｄ」とか簡略な数字や記号で設定されています。

取扱説明書を読めば、「ルーターを設置した後にパスワードは速やかに変更してください」というような注意書きが必ずありますが、読む人は少ないし、読んでも実際にパスワードを変更しない人がほとんどだと思います。

ルーターを設置し、家にある３台のパソ

コンがやっとのことでネットにつながった。万歳〜！　えっ？　せっかくつながったのにこれからパスワードを変更してやり直し？　そんなの面倒くさい――。これが一般家庭の大半ではないですか。ここが狙い目なのです。

ＩＤとパスワードがわかっていれば、無線Ｗｉ-Ｆｉを乗っ取ることなど赤子の手を捻るようなものです。パソコンの遠隔操作被害のように殺人予告の犯人に仕立て上げられることまではまれだとしても、ＤＤｏＳ攻撃は、多くの人がいつのまにかサイバー攻撃の加害者になってしまっている可能性がある身近な例です。しかし、ほとんどの人はそれを知りません。

図表1-5をご覧ください。ある時間に世界中で発生していたＤＤｏＳ攻撃を世界地図に落としたものです。

日本から〝発射〟されているこの攻撃に、あなたのパソコンやスマートフォンが利用されている可能性があるのです。それも自分ではまったく無意識に、まったく知らないうちに。

図表1-5　DDoS攻撃の実際

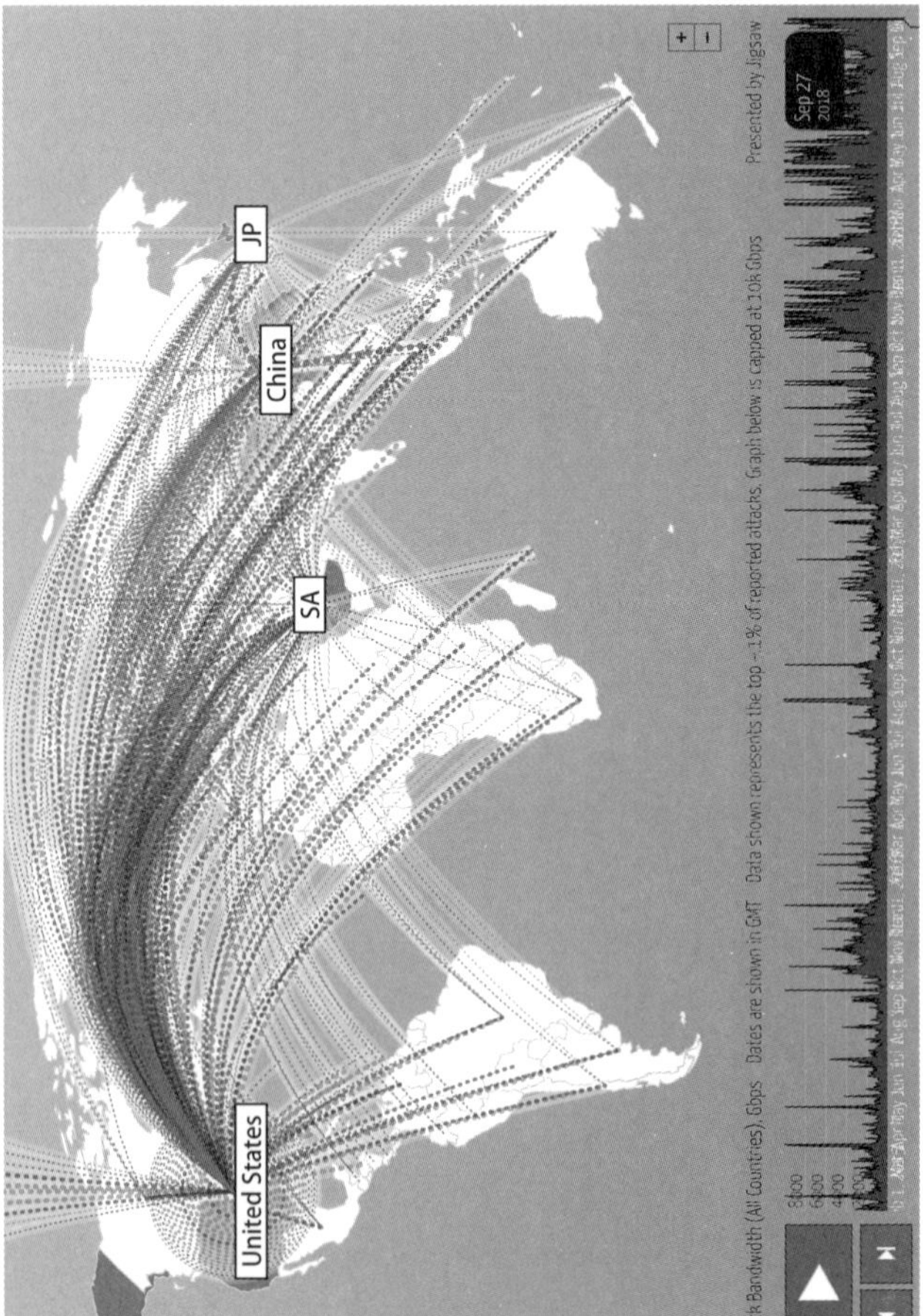

出所：http://www.digitalattackmap.com/

6 聞き耳を立てるＡＩスピーカー

グーグル・ホーム・ミニの不具合

ＡＩスピーカーはご存じですね。家に帰って来て、「ただいま」と言うと、「お帰り」と返事をしてくれる、便利なものです。頼んだら、テレビをつけてくれたり、代わりにメールまでしてくれます。アメリカのアマゾンやグーグルが先行して発売し、日本でもパナソニックやソニー、ＮＴＴドコモなどが後を追いました。今や、大きな市場となりつつあります。スマートフォンの次はＡＩスピーカーだ、というわけです。

ところで、グーグル・ホーム・ミニがとんでもないことをしでかして、世間を騒然とさせたことがありました。発売されたばかりの２０１７年10月のことです。１日に何千回も起動して音声や物音を勝手に録音し、グーグルに送信してしまうという不具合が発見されたのです。不具合は「バグ」が原因と説明され、ソフトウェアをアップデートすることで解決されましたが、「グーグルが意図的に盗聴しようとしていたのでは」、「消費者の生活を覗こうとしているのでは」などといった批判や疑心暗鬼が、世界中を駆け巡りました。

グーグルに盗聴の意図があったとみるのは疑い過ぎのようにも思えますが、恐ろしいのは、やろうと思えばできてしまうというところです。さらに怖いのは、不具合が起きたということは、システムに脆弱性があるということが明らかになったことです。脆弱性はハッカーの大好物です。指をくわえて見過ごすはずがありません。

ＡＩスピーカーに侵入して、盗聴したり音声を録音してデータを盗み出したりしているハッカーは、おそらくすでにいるのではないかと思われます。あなたや家族の生活が盗み聞きされている可能性があるのです。

盗撮の恐怖

もっと恐ろしい話もあります。ウェブカメラを使った盗撮です。ノートパソコンにウェブカメラが搭載されているのは今や常識ですが、パソコンやスマートフォンのカメラ機能だけでなく、1人暮らしや高齢者世帯の生活の見守りやペットの監視のために、カメラの角度や拡大率を遠隔操作できる専用のネットワークカメラも広く流通しています。さらに、街中至るところに防犯カメラが設置されていますが、こうしたウェブカメラもハッカーに狙われている危険性があります。つまり、あのカメラ機能で普段の生活が覗き見られている可能性があるのです。

例えば、先にお話しした無線Ｗｉ－Ｆｉのルーターと同じように、ネットワークカメラにもＩＤとパスワードがあります。パスワードを初期設定のままで使用しているカメラは簡単に乗っ取られてしまう可能性があります。ネットワークカメラ経由でパソコンに侵入し、個人情報を盗み出すなんてことも朝飯前です。さて、どんなことが起こるでしょうか。

ハッカーはまず、あなたの生活を盗撮し、データを保存するでしょう。人によっては、他人には見られたくない姿も写っているはずです。こういうとき、カメラの高性能は仇になってしまいます。

そのうち、金銭を要求する脅迫メールが届きます。さほど高額ではないかもしれません。ですが、警察に連絡したら、個人情報をつけて動画や画像をネットに公開するぞ、という常套句が添えられているはずです。あられもない姿を名前つき、目隠しなしで公開されてはたまりません。それほどの高額でなければ、支払いに応じてしまう人は多いのではないでしょうか。5万円ぐらいなら仕方ないと応じてしまったら、あとがたいへんです。脅迫は繰り返されます。犯罪者は、それをリピーターと呼んでいるそうです。

ネットワークカメラを使っていなくても、ノートパソコンやスマートフォンでも同じようなことは起こり得ます。普段、普通に使っているスマホやパソコンの内蔵カメラが盗撮カメラに早変わりということも起こってしまうのです。

ネットワークにつながったIT機器で生活が便利になればなるほど、サイバー攻撃を受ける危険性は高まるということです。

キッズ携帯が共犯者に

子どもを事件や事故から守るためのキッズ携帯も悪用されると危険です。ハッキングされて位置情報を盗まれたりすれば、たちまち子どもの身を危険に晒す道具に変わってしまいます。キッズ携帯が身代金誘拐事件の共犯者になる可能性があるということです。

キッズ携帯は、そもそも、子どもの行動を監視するためのものですから、位置情報は必須です。それがハッキングされれば、子どもの家や通っている学校、行動パターンなどは筒抜けになります。結果、その家の経済状況は簡単に予測できます。つまり、狙う価値のある子どもを選別できるのです。

そんなこと言ったって、実際に身代金誘拐などといった大それたことをするハッカーはそんなにいないんじゃないの？——。そうかもしれません。しかし、ハッカーは身代金誘拐の実行犯になる必要はありません。ブラックマーケットに情報を売ればよいのです。ブラックマーケットで情報を買い漁る輩には、大それたことをする犯罪者が紛れている可能性があります。ハッカーは1歩も外に出ないで犯罪に加担するのです。

いかがでしょう。普通のごく平凡な暮らしを送っている人でも、朝から晩まで1日中、サイバー攻撃の危険に晒されているのが、現代社会です。サイバー攻撃のイメージを上書きし、「サイバー攻撃なんて、自分とは関係ない世界の話」と思っていた考えを修正していただけたでしょうか。

第2章

サイバー戦争の時代

1

オタクの腕試しだった黎明期——コンピューターオタクだったビル・ゲイツ

サイバー攻撃のイメージを上書きしていただくために、第1章ではサイバー攻撃の基礎知識とともに、サイバー攻撃は決して遠い世界の物語なのではなく、私たちの日常生活に潜んでいる脅威であり、読者のみなさんやみなさんの勤める会社がいつ被害者や加害者となっても不思議ではない状況であることについてご説明しました。

第2章では、サイバー攻撃の歴史を紐とき、さらに攻撃者の大規模化、複雑化にともなって、現代ではサイバー戦争の様相を呈していることをお話ししようと思います。

サイバー攻撃とは、コンピューター・ネットワークに侵入してプログラムを破壊したりデータを盗んだりする犯罪行為のことですが、その元祖はハッキングです。ハッキングとは、元々は犯罪行為などではなく、ハードウェアの設計やソフトウェアのプログラミングなどのエンジニアリングを意味する言葉でしたが、次第にコンピューターに不正に侵入してプログラムを破壊したり、データを改竄したり、盗んだりといった悪意を持った行為を表現する言葉になってきました。

整理すると、ハッキングはコンピューターに不正に侵入することで、ハッキング行為のうちコンピューター・ネットワークを利用して行う行為をサイバー攻撃と言っています。ネットワークが成熟した現代では、ほとんど同義語となっています。そして、サイバー攻撃、つまりハッキングを行う人をハッカーと呼んでいます。ちなみに、ハッカーも、本来の意味は、コンピューターに熱中し精通している人のことで、決して悪い表現の言葉ではありませんでした。

ゲイツのハッキング事件

さて、ビル・ゲイツを知らない方はいないと思います。言うまでもなく、ウィンドウズを世に送り出したマイクロソフト社の創業者にして、世界有数の大富豪の1人です。

ビル・ゲイツは実業家として成功しましたが、元々はプログラマーでした。中学生のときにはコンピューター・プログラミングに熱中していました。ビル・ゲイツの生い立ちについては、IT著述家の牧野武文さんが、ウェブサイト「THE ZERO/ONE」の連載「ハッカーの系譜」にくわしく紹介しています。

シアトルの裕福な家庭に生まれたビル少年は、お金持ちの子どもたちが通う私立中学に進学し、そこでコンピューターと出会い、熱中します。と言っても、1960年代後半のことなので、もちろん、現在、一般的に使用されているようなパソコンはありません。ビル・ゲイツはパソコン普及の生みの親の1人と言っても過言ではないのですから。

当時のコンピューターは大型かつ非常に高額で、富裕層の子どもが通う私立中学でも保有できるものではありませんでした。しかし、コンピューターを時間貸しするサービスがありました。時間貸しと言っても、大型コンピューターを学校に運んでくるわけではありません。コンピューターの端末――キーボードとディスプレイをイメージしてください――を購入すると、電話回線で接続してコンピューターを利用することができたのです。中学校はこのサービスを利用して、生徒にコンピューター・プログラムを学習する機会を提供しました。

これにとり憑かれた1人がビル少年です。五目並べのようなゲームや月面着陸船ゲームを作ることに熱中しました。

時間貸しと言っても、安くはありません。中学校は父母会から寄付を集めましたが、ビル少年たちは数週間でそのお金を使い果たしてしまいます。さて、どうするか。ビル少年たちは、課金サービスのシステムをハッキングすることを思いつき、実行しました。

ほんの悪戯心からのハッキングでしたが、立派な犯罪です。すぐに発覚し、校長先生から大目玉を食らうことになりました。コンピューター室入室禁止6週間の懲罰だったそうです。

さて、ビル・ゲイツ少年のこのハッキング〝事件〟は有名で、「ビル・ゲイツはハッカーだった」と語り継がれることになったわけですが、この「ハッカー」というのは、「コンピューターに不正に侵入して犯罪行為を行う人」という意味ではなく――そういうことをしたのは事実ですが――「あくまでコンピューターに熱中する人」という意味だと理解してください。

ローマ法王にいたずら電話——ウォズニアックのブルー・ボックス

ビル・ゲイツの武勇伝を紹介したのですから、アップルにも触れておかないわけにはいきません。アップルの創業者といえばスティーブ・ジョブズが有名ですが、ジョブズは実業家です。アップルのコンピューターをほとんど1人で開発したのが、もう1人の創業者、ステファン・ゲーリー・ウォズニアックです。

ステファンもハッカーだったわけですが、これもコンピューターに熱中する人という意味あいです。ですが、彼もまた、悪い意味でのハッキングにもちょっとだけ手を染めていました。黎明期のハッキングには、「コンピューターオタク」の腕試しのような性格があったのです。

ステファンについても、牧野武文さんが同じ連載でくわしく紹介しています。

1970年代のことです。コンピューターオタクだった大学生のステファンは、雑誌の記事に衝撃を受けます。そこには、電話システムに侵入して、アメリカの公衆電話からロンドンの公衆電話にタダで電話をかける話が紹介されていました。さらには、ホワイトハウスの大統領執務室の電話に、自動検証モードという方法で割りこんで会話を盗み聞きしたり、ニクソン大統領にいたずら電話を実際にかけたりした話など、何人ものさまざまな〝オタク〟たちの武勇伝が紹介されていたのです。これらの行為を可能にした、その装置はブルー・ボックスと呼ばれていました。

負けてなるものか。ステファンは燃えます。まず、記事で紹介されていたブルー・ボックスを作ってみました。成功しますが、あまり安定しませんでした。そこで、改良を試みます。雑誌に紹介されていたのはアナログ式のブルー・ボックスでしたが、機能を安定させるためにデジタル式のブルー・ボックスを作ったのです。この電話システム乗っ取り装置は、当時、最高性能のブルー・ボックスだと言われていました。

ブルー・ボックスは電話の課金システムをかいくぐってタダで通話するだけの装置ではありませんでした。これを使うと電話回線に侵入して盗聴したり、通話に割りこんだりもできました。最初にブルー・ボックスを開発したグループは、その機能を使って大統領執務室の電話に割りこんだことを自慢していました。

羨ましくてたまらない。負けず嫌いに火がつきます。あいつらが大統領に電話をかけたというのなら、おれはバチカンだとばかりに、ステファンはバチカン宮殿の電話回線への侵入に成功します。キッシンジャー大統領補佐官（当時）のモノマネをして、法王と話をしようと試みました。残念なことに法王は就寝中で、代わりに電話に出た司教は、「1時間ほど前に話をしたばかりじゃありませんか」と不審がったと言います。

2 高度化するハッカー——サイバー攻撃の時代へ

さて、1990年代以降にインターネットの時代が訪れると、ハッキングによる被害と社会に与える影響は甚大となり、ハッカーの腕試しと笑って済ませられる話ではなくなってきます。ハッキングは「サイバー攻撃」の時代に突入したのです。

マフィア・ボーイは15歳の高校生

有名なのは、2000年のバレンタインデーに大手の商業サイトのサーバーを攻撃してサービス不能に陥らせて巨大な損害を与えた事件です。イーベイ、アマゾン、ヤフー、デル、イー・トレード、CNNといった名だたる企業が被害を受け、面目を潰しました。犯人は「マフィア・ボーイ」を名乗り、オンラインチャットでハッキングを自慢していたところを逮捕されたと言います。捕まったのは15歳の高校生でした。世界中があっと驚きました。彼は、自分のハッカーとしての実力を誇示したくて、有名企業のサイトを攻撃したのでした。

このハッキングは、ビル・ゲイツやステファン・ウォズニアックの腕試しとは、質的に異なります。黎明期にはコンピューターの管理者はハッキングを想定した防御をまったくしていません。が、2000年にもなると、攻撃を想定して厳重な防御体制を敷いていました。高校生が、その名だたるIT企業の防御網をかいくぐったことに、世界は衝撃を受けたのです。それはネット社会の脆弱性を白日の下に晒す出来事だったからです。

MelissaとI LOVE YOU

40歳以上の人ならば、Melissa（メリッサ）やI LOVE YOUという名前で知られたコンピューターウィルスを憶えておいでの方も多いと思います。これも、愉快犯による犯行でした。

メリッサは当時コンピューターウィルスと呼ばれていましたが、今日のマルウェアのはしりとも言うべき、プログラミングするウィルスでした。メリッサの出現で、セキュリティに携わる人のセキュリティコードについての考え方が塗り替えられたと言われたほど、画期的なウィルスでした。

世界に出回ったのは1999年3月で、作成者はデイヴィッド・L・スミスというアメリカ人の男です。メリッサは感染したコンピューターやデータを破壊するものではありませんでしたが、メリッサにより企業が業務の停滞などで被った被害総額は約8000万米ドルと言われ、FBIに逮捕されたスミスは、禁固20カ月の実刑判決を受けています。

メリッサはマイクロソフトのワードプロセッサソフト「ワード」とメールプログラム「アウトルック」を使ったウィルスでした。見かけ上は、ワード文書のファイルが添付されたメールです。添付ファイルを開くと感染してしまい、メリッサはアウトルックのアドレス帳から50件の宛先に、同じメールを自動的に拡散していく仕掛けになっていました。

実際のところ、それだけなのです。明らかな愉快犯でした。それだけの仕組みで800万ドルの損害が生じたのです。

数時間後には世界中で数万台のコンピューターが感染し、中には政府機関のコンピューターも含まれていたと言われています。

メリッサは添付ファイルによって感染する初めてのウィルスでした。メリッサ以降、「知らない発信元からのメールの添付ファイルは絶対に開けない」というのが、サイバーセキュリティ対策のイロハのイになりました。


メリッサ以上に世界を震撼させたのがI LOVE YOUです。送り付けられてくるメールのタイトルが「I LOVE YOU」だったことから、この名前で呼ばれました。2000年5月のことです。

こちらは、「Love Letter For You .txt」の添付ファイルをクリックするとファイルに保存していたデータのすべてが「Love Letter For You .txt」に上書きされてしまうという破壊的なワームでした。ここまでくると、愉快犯ではありません。

拡散力はメリッサよりパワーアップし、感染したコンピューター内にあるすべてのアドレスに自動的にメールを発信する仕組みで、たった2日間で45億台のコンピューターに感染しました。大袈裟でなく、本当に世界中が震撼したのです。ちなみに、犯人は2人のフィリピン人プログラマーでしたが、フィリピンにサイバー犯罪を罰する法律がなかったため、逮捕後、すぐに釈放されました。

3 組織化するハッカー集団

ネット社会の成熟と軌を一にして、サイバー攻撃は高度化していきました。サイトのサービスを止めるのも、コンピューターウィルスをまき散らすのも立派な犯罪ですが、当初の目的は、ハッカーが技量を誇示し自尊心を満足させることでした。被害者にとっては不愉快極まりないことですが、いわゆる愉快犯です。ですが、もちろん、それは金銭目的の犯罪や、政治的行為の達成のための手段としても利用されるようになります。

ランサムウェア

近年、コンピューターを使えなくして、復旧する条件として「身代金」を要求するランサムウェアが猛威をふるっています。ランサムとは身代金の意味です。ランサムウェアにはいくつかのタイプがありますが、感染するとコンピューターのシステムにアクセスできなくなったり、システムが使用できなくなったり、ハードディスクのデータが暗号化されて読めなくなったりします。そして、元に戻したかったらカネをよこせと、メッセージが示されます。決して高額ではありません。が、支払ったら最後、要求は繰り返されることになります。

初めてその存在が知られたのは１９８９年のことでした。「トロイの木馬」です。日本ではまだパソコンを持つ人は限られ、コンピューターによる通信をしている人はわずかだった時期です。感染したコンピューターはハードディスクドライブのファイル名が暗号化され使えなくなります。そして、ライセンスの有効期限が切れていると嘘の説明がなされ、解除するために１８９米ドルを要求するものでした。

最初のトロイの木馬は比較的単純なもので、すぐに対処法が知られるようになりましたが、ランサムウェアはその後、進化を続け、より複雑で高度なものとなり、現在に至っています。

中国紅客連盟、シリア電子軍

今世紀に入ると、政治的な目的でサイバー攻撃を仕掛ける事例が目立つようになってきます。換言すると、個人の腕試しや金銭目的の犯罪に加え、組織による政治目的を持った犯罪が横行するようになったということです。

有名なのは、世界一のハッカー集団と言われた中国の「中国紅客連盟」です。最初にその存在が知られたのは１９９９年のことでした。ユーゴスラビアの首都ベオグラードの中国大使館が米軍の爆撃を受けた際、時を同じくして、アメリカの政府機関のウェブサイトに総攻撃を仕掛けました。２００８年にはチベットの反中国政府活動家がサイバー攻撃を受けています。

２０１０年には日本政府が攻撃対象とされた可能性が疑われました。この年の9月には尖閣諸島中国漁船衝突事件が発生しています。中国紅客連盟は日本政府機関のウェブサイトを攻撃する計画を公表しました。直後の9月16日夜から翌17日未明にかけ、警察庁のサイトが閲覧できない状況が続きました。中国紅客連盟からＤＤｏＳ攻撃を受けた可能性がありますが、真相は不明です。

シリアのアサド政権を支持し、Syrian Electronic Army（シリア電子軍）を名乗るハッカー集団も有名です。アサド政権に批判的な報道機関やソーシャルメディアを標的に、攻撃を繰り返しています。

２０１３年４月にはＡＰ通信の公式ツイッターのアカウントを乗っ取り、「ホワイトハウスで爆発があり、オバマ大統領が負傷した」という偽のテロ情報を投稿しました。同じ年の８月にも、ワシントン・ポストやＣＮＮなどのサイトを攻撃し、記事を書き換えています。

２０１４年には、マイクロソフト社を攻撃しました。ツイッターなどの複数のソーシャルメディアのアカウントを乗っ取り、「マイクロソフトの電子メール（ホットメールやアウトルック）を利用するな。同社はあなたのアカウントを監視し、そのデータを各国政府に売っている。詳細は#ＳＥＡで間もなく公開される」（２０１４年１月２日ＡＦＰ）というメッセージを投稿しています。

アノニマス

中国紅客連盟やシリア電子軍などは、指揮命令系統がかなり統制された組織のようですが、インターネット上で緩やかにつながり、同じ政治目的や利益のために活動するグループもあります。

中でも有名なのが「アノニマス」と呼ばれる国際的なネットワークです。チャットや掲示板を介して、自然発生的に生まれたと言われています。これまで、インターネット規制を進めようとしていたオーストラリア政府、「アラブの春」を弾圧したチュニジア政府、著作権を侵害するダウンロードを規制する法改定を行った日本政府、核実験を行った朝鮮民主主義人民共和国政府、イスラム過激派組織ＩＳＩＬなどを標的に攻撃を行ったと伝えられています。

２０１５年には成田空港や中部国際空港、日本政府観光局、日本郵政、厚生労働省などが標的にされた可能性があります。官民複数の機関のウェブサイトが閲覧しづらい状況が続き、ＤＤｏＳ攻撃を受けたとみられる一方で、アノニマスに関連すると思われる人物のツイッターに、日本のイルカ漁や捕鯨に抗議したり、攻撃を示唆したりする書き込みがありました。攻撃と書き込みの関連が推測されましたが、真相は不明です。

ホワイト・ハッカー

本来、コンピューターオタクとか、コンピューターにくわしい人という意味だった「ハッカー」の評判は地に落ちた感があります。

ハッカーという単語がメディアに登場するのは、ほぼ犯罪行為が行われたときに限られていますし、実際に、コンピューターウィルスに感染したり、クレジットカード情報詐欺や個人情報流出事件の被害者になったりした経験がある人は少なくないわけですから、致し方ありません。

けれど、ハッカーの中にはよい人もいるのです。ホワイト・ハッカーと呼ばれる人たちです。ホワイト・ハッカーも企業や官庁などのサイトやシステムに不正に侵入します。立派な違法行為です。取り締まり当局に捕まる可能性もあります。ですが、不正に侵入してシステムやプログラムを破壊したり、データを盗んだり、改竄したりするわけではありません。ただ、厳重なはずのセキュリティの隙をついて侵入するだけです。空き巣に入って何も物色せず、盗みもせずに帰るのと同じです。

なぜ、そんな面倒なことをするのでしょう。親切だからです。ホワイト・ハッカーはセキュリティの脆弱性をついて侵入し、そのことを、当の管理者に知らせるのです。お宅のセキュリティは万全ではありません、こういうところに注意しましょうと、教えてくれたりもします。

もちろん、類いまれな知識と技量を持った人たちですから、何かの間違いで借金でも背負うことになったらブラック・ハッカーに宗旨替えしてしまわないとも限りませんが、ハッカーのすべてが悪人というわけではないのです。

今では、政府や企業にセキュリティ対策の専門家として雇われるホワイト・ハッカーもいるそうです。

4 サイバー戦争

確かな証拠があるわけではありませんが、ロシア、中国、アメリカ、朝鮮民主主義人民共和国などは、国家レベルでサイバー攻撃を行っていると見られています。証拠がないのは、痕跡が残るような稚拙なミスを犯さないプロ集団による攻撃だからです。サイバー攻撃はすでに、国家による攻撃、つまりサイバー戦争の段階に足を踏み入れているということができます。

中国には2万人から10万人、アメリカには9000人、朝鮮民主主義人民共和国には7000人、ロシアには2000人のサイバー戦闘員がいると推測されています。

ロシアによるサイバー攻撃

史上初のサイバー戦争

史上初めてのサイバー戦争は、ロシアによるものと言われています。２００７年のことでした。狙われたのはＩＴ先進国の誉れ高いエストニアです。

エストニアはヨーロッパ東部のバルト海沿岸の国です。旧ソ連邦の共和国でしたが、ソ連邦崩壊直前の１９９１年に独立を回復します。人口１３０万人の小国ながら、独立時にＩＴ立国を国策として、インフラの整備に努めていました。住民は安全性の高いＰＫＩチップを備えたＩＤカードを持ち、オンラインバンキングの普及率は１００％に近いというＩＴ先進国です。

国内にはエストニア人、ロシア人の他、複数の民族が混在し、対立がありました。２００７年の４月、第２次大戦中のソ連軍の戦勝記念の銅像を、政府が首都の中心部から郊外に移設したことにロシア系住民が反発し、暴動が起きます。このとき、エストニア政府のウェブサイトが一斉に攻撃されました。攻撃は日増しに激しくなり、政府系機関のサイトだけではなく、ネット社会のインフラそのものが標的となりました。１００％に迫るオンラインバンキングの普及率ですから、ネットのインフラがダウンすれば住民は赤ん坊のミルクにすら事欠くことになりかねません。

攻撃は3週間にわたり、報道機関や銀行システムなどが次々と麻痺し、たいへんな騒動となりました。エストニア政府は国外からの通信をすべて遮断し、グローバルなネット社会からは一時的に孤立しましたが、幸い、住民のライフラインであるITインフラをダウンさせることなく、何とか危機を乗り越えました。

2007年時点で大規模なサイバー攻撃自体は珍しくはありませんでしたが、エストニアが受けた攻撃は、それまでに知られていた攻撃とは規模も期間も桁違いで、大がかりな組織の関与が推測されました。疑われたのは、エストニアとの関係が悪化していたロシア政府でした。攻撃の開始時期がロシア系住民の暴動と同じ日だったことも疑念が強まる理由となりました。

もちろん、ロシア政府は関与を否定しています。証拠も残していません。しかし、2007年のエストニアへの攻撃は、ロシア政府が関与した史上初のサイバー戦争だということは、世界のIT関係者の間では定説となっています。

ロシアのこの攻撃は「実験」だった可能性があると思います。長期的に大規模なサイバー攻撃を続けたらどの程度のダメージを与え、社会生活や経済にどの程度の影響を与えることができるのか、史上初のサイバー戦争と言われる規模の攻撃で実証実験をしたのではないかと想像できるのです。

ロシアとウクライナの間で繰り広げられているサイバー戦争もよく知られています。クリミア半島の帰属問題を巡って、ロシアとウクライナが対立した2014年のクリミア危機の際には、ロシアが大がかりなサイバー攻撃を仕掛けたと考えられています。このとき、クリミア半島にあるウクライナ国営通信の通信センターが攻撃を受け、サービスが遮断されました。ウクライナとロシアの間でのサイバー戦争はその3年前から勃発していると言われていました。ちなみに戦況はロシアの圧倒的優勢ということです。もちろん、どちらの政府も関与を否定しています。

平昌オリンピックのドローン

2018年の平昌冬季オリンピックの開会式で、ハイライトと思われていたドローンのデモンストレーションが中止され、テレビ中継では予備映像が放映されました。LEDライトでキラキラ光る多数のドローンが一瞬のうちに五輪のマークに早変わりした映像を覚えておられる方も多いでしょう。これも、ロシアのサイバー攻撃によるトラブルだったと言われています。

ドーピング問題でロシアはオリンピックから締め出され、ロシア人選手は個人の資格で参加していました。女子シングルショートプログラム世界最高得点で先輩メドベージェワとの世紀の対決を制し、フィギュアスケートの新女王となったアリーナ・ザギトワの表彰式でもロシア国歌が流れることはありませんでした。開会式の混乱は、ロシア選手団の締め出しに恨みを持ったロシアの政府機関の犯行だと疑われているのです。

混乱はドローンだけではありませんでした。公式ホームページがダウンしてチケットが印刷できなくなったり、メインプレスセンターのIPTVシステムや組織委員会内部のインターネット、Wi-Fiなどが一時的に使用できなくなったりしています。

ロシアのドーピング問題が解決せず、ロシア選手団が国際大会から締め出されるような事態が続けば、2020年の東京オリンピックが標的になることも大いに考えられます。

中国によるサイバー攻撃

米国政府人事管理局から2150万人の個人情報

2015年の4月に、アメリカの連邦政府人事管理局(OPM)から職員、元職員の個人情報が大量に流出していたことが発覚しました。当初は400万人分と発表されましたが、その後の調査で、流出は2012年に始まり、職員、契約社員、候補者、元職員ら2150万人分の個人情報が盗まれていたことが判明します。情報には氏名、生年月日、住所、個人データの他、日本のマイナンバーにあたる社会保障番号が含まれ、560万件の指紋データも流出していました。流出事件の責任を取り、人事管理局長官が辞任しています。

ジェームズ・クラッパー国家情報長官（当時）は、OPMへのサイバー攻撃について、中国のハッカーによる犯行の可能性が高いとの見方を示しました。そして、アメリカでも最も不正アクセスが難しいところの1つとされているOPMへの攻撃に対して、「中国人の行為に敬意を表するべきだろう」と皮肉っています。もちろん、中国政府はすぐに反論しています。

日本年金機構

2015年6月、日本年金機構がサイバー攻撃を受け、125万件の年金個人情報が流出したことが発覚しました。攻撃を受けたのは5月で、手口は添付ファイルにマルウェアを仕込んだ標的型メールでした。メールを受信した複数の職員が添付ファイルを開封しています。

年金機構では事件の対応に追われ、未納者への督促状や特別催告状の送付などの平常業務が滞りました。そのため、時効の成立で徴収権が消滅するという事態が発生しました。会計検査院は国民年金未納者への徴収対策が滞ったことで、120億円を損失したと試算しています。

警察庁によると、2015年の1年間で日本年金機構を含め、少なくとも27組織で情報流出の被害があったことが確認されています。さらに手口やマルウェアの類似性から同一グループによる犯行との見方が浮上しました。同一犯だとすれば、長期にわたり波状攻撃を続けていたことになります。

また、日本年金機構に送られてきたメールのフォントなどを解析した結果、中国語圏の人物の関与が疑われています。

中国政府機関の関与の証拠はありませんが、政府関係者の意向を受けたハッカー集団の犯行と予想する専門家は少なくありません。

相次ぐイージス艦事故

2017年には米海軍第7艦隊のイージス艦が相次いで事故を起こし、サイバー攻撃の可能性が疑われました。

1月にはイージス巡洋艦アンティータムが横須賀基地出港直後に浅瀬で座礁、6月にはイージス駆逐艦フィッツジェラルドが石廊崎沖でコンテナ船と衝突しました。さらに8月にはイージス駆逐艦ジョン・S・マケインがマラッカ海峡でタンカーと衝突しました。

当初は、事故の原因は人為的なミスと見られ、責任者である艦長らが更迭されましたが、事故が相次いだことから、サイバー攻撃の可能性を指摘する声が上がりました。中国や朝鮮民主主義人民共和国の関与が疑われています。イージス艦を直接攻撃したのではなく、コンテナ船やタンカーを狙い、イージス艦との衝突を誘導したという可能性も指摘されました。

アメリカによるサイバー攻撃

スパイ映画さながらの攻撃

アメリカも負けていません。2009年にはイランの核燃料施設を攻撃しています。しかも、スパイ映画さながらの活劇です。

イランは核不拡散条約の加盟国で核兵器の開発を否定していますが、原子力の平和利用のために高濃縮ウランを製造しています。アメリカは、平和利用は核兵器開発の隠れ蓑だと疑っています。

２００9年から２０１０年にかけてイラン国内の核燃料施設で、ウラン濃縮用の遠心分離機約８４００台が稼働不能に陥りました。原因は「Stuxnet（スタックスネット）」と呼ばれるマルウェアです。ニューヨーク・タイムズ紙は、アメリカ、イスラエルの両国政府が開発し、ブッシュ政権時代に計画に着手し、計画を引き継いだオバマ政権が攻撃を命じたと伝えています。

Stuxnetはウィンドウズで作動するワームで、長期間潜伏した後に、オペレーターに気づかれることなく、遠心分離機をコントロールしているシステムに偽の指令を繰り返していました。偽の指令により遠心分離機そのものに長期にわたって負荷をかけ、最終的に物理的に破壊するという大胆な作戦でした。

巧妙に設計されたStuxnetのポテンシャルもさることながら、サイバーセキュリティの専門家を驚かせたのは、感染経路です。イランの核燃料施設に限らず、産業用の施設では、装置をコントロールするコンピューターは一般に外部のネットワークとは遮断されています。そのためサイバー攻撃には強い防御力があると考えられていました。

感染元はUSBメモリーであったと推測されています。アメリカとイスラエルは、イランの核燃料施設にスパイを送り込み、あるいは技術者をスパイに仕立て上げ、システムの中枢のコンピューターに直接USBメモリーを差し込んで感染させた、あるいはStuxnet入りのUSBメモリーを差し込むよう善意の第三者を誘導して感染させたと推理されています。大げさではなく、スパイ映画さながらの物語だったのです。

ミサイル打ち上げ失敗

朝鮮民主主義人民共和国が繰り返してきた核実験とミサイル発射実験には、世界が頭を悩ませてきました。日本海を挟んで隣国の関係にある日本も神経を尖らせてきた問題です。金正恩朝鮮労働党委員長が権力を継承した後に限っても核実験を4度実施し、ミサイル発射実験は2017年の1年間だけで15回も行いました。

2017年3月22日の「火星（ファソン）」型中距離弾道ミサイルの発射実験は失敗に終わったと見られています。米国太平洋軍と韓国国防部がその可能性が高いことを示唆しました。また、2週間後の4月5日にも弾道ミサイルを発射しましたが、米国太平洋軍はこの発射実験も失敗だったとの見解を示しています。ちなみに、アメリカは火星型中距離ミサイルをムスダンと呼んでいます。日本のメディアでもその名で報道されることがあります。

この失敗は米国のサイバー攻撃による妨害だったとの見方が有力です。

注目したいのは、失敗が火星型に限られていたことです。おそらく、アメリカはサイバー攻撃によって火星型を無力化させることに成功しているのだと思います。その他のミサイルやロケットについては、できるのにやっていないのか、まだ有効な方法を見つけられていないのかはわかりません。火星型は中距離弾道ミサイルで、朝鮮半島からの射程にアメリカ本土が含まれますから、近距離のミサイルは好きなようにやらせても、中距離弾道ミサイルは絶対に許さないという意志表示なのかもしれません。

朝鮮民主主義人民共和国（北朝鮮）によるサイバー攻撃

「ザ・インタビュー」

２０１４年11月、アメリカの映画製作会社ソニー・ピクチャーズ・エンタテインメント（ＳＰＥ）がサイバー攻撃を受け、従業員や家族の個人情報、従業員間のメール、役員の報酬についての情報、未公開映画のコピーなどが流出しました。ＳＰＥはこの年の12月に金正恩第一書記（当時、現労働党委員長）の暗殺を題材に、北朝鮮の体制を揶揄するコメディ「ザ・インタビュー」の公開を予定していましたが、北朝鮮がこれに強く反発していたことから、その関与が疑われました。北朝鮮政府はサイバー攻撃を「支持する」と表明しましたが、自らの関与は否定しています。一方、FBIは北朝鮮政府の関与があったと断定しました。

犯人は不明ですが、加害者側から見ると、サイバー攻撃は一定の成果を得たことになります。流出したメールから、ソニー本体の平井一夫社長（当時、現会長）が、SPEに金正恩暗殺の場面の表現を変更するよう指示していたことが発覚し、批判を浴びました。SPEはソニー傘下にあるソニー・ピクチャーズの子会社です。さらに、SPEは公開直前の12月17日に公開中止を発表しました。しかし、中止決定はオバマ大統領（当時）らから強い批判を受け、予定通り公開されています。

〝銀行強盗〟

北朝鮮には、サイバー攻撃による国家ぐるみの〝銀行強盗〟の疑惑もあります。情報セキュリティ大手であるアメリカのシマンテック社の幹部が、2017年5月の米国上院の委員会で「北朝鮮を拠点とするハッカー集団が、バングラデシュ中央銀行から8100万米ドル（約92億円）を奪った」との認識を示しました。

証言では、北朝鮮のハッカー集団は31カ国で同様のサイバー攻撃を行っていたという分析結果も示しました。事実とすれば、核・ミサイル開発の資金を断つためにアメリカが各国に呼びかけて行っていた経済制裁が無力化していたことになります。

一連の攻撃を仕掛けた北朝鮮のハッカー集団は「ラザルス」という名前で知られ、SPEの情報流出事件にも関与していると見られています。韓国には恒常的に攻撃を繰り返していて、政府高官の情報流出事件は頻繁に起こっています。

ロシア、中国、アメリカ、北朝鮮のハッカー集団が〝加害者〟と見られる事例を紹介してきましたが、捜査当局やセキュリティ会社は、いずれもサイバー攻撃の可能性を指摘しているだけで、公式には決定的な証拠はなく、犯人は特定されていません。国家がどの程度関与しているかについても、全容は不明です。

けれども、完璧に証拠はつかんでいないとしても、被害に遭った各国はある程度のレベルで加害者を特定していると思います。証拠を示して、それを公表したり、抗議したり、公に報復したりしないのは、証拠を示すことで、自らの調査能力を相手方に知られることになりかねないからです。お互いに手の内は知られたくないというわけです。

２０１８年3月にイギリス国内で元二重スパイのロシア人男性とその娘が軍用神経剤で重症を負わされた事件を巡り、イギリスは23人のロシア外交官を追放しました。イギリスはロシアの犯行を断定したものの、くわしい証拠は示しませんでした。ロシアにイギリスの情報収集力を知られたくなかったからだと思われます。

サイバー攻撃についても、これと同じような構造があるのです。

5 戦争が変わる

核兵器はもういらない

2国間で深刻な対立があっても、軍事力が均衡を保っている状況では戦争は起こらないのが普通です。多くの場合、戦争は軍事的に優位な国が相手国に攻め入るという形で行われてきました。小国が大国を攻撃するのは自殺行為です。

サイバー戦争は、この戦争の常識を覆そうとしています。朝鮮民主主義人民共和国がアメリカの企業にサイバー攻撃を仕掛けたと見られるのが典型的な事例です。

それだけではありません。サイバー戦争は、戦争の地政学的な常識も覆しました。隣国と戦う場合や長距離ミサイルを使用する場合は別ですが、通常兵器で遠く離れた国と戦うためには、近くから順番に攻めていかなければなりません。

サイバー攻撃はその制約を受けません。飛び地であろうが、地球の裏側であろうが、攻撃したい国のシステムの脆弱性を突けば、どこだって攻めることができます。ピンポイント攻撃です。

実は、世界は非常に恐ろしい状況にあります。例えば、寒冷地の発電施設が真冬にサイバー攻撃を受け、停電が続けば、それだけで何万人もの人が命を失う危険性があります。原子力発電所が攻撃されたらどうなるでしょうか。もちろん、そうした施設は、安全性のために外部からのネットワークを遮断しています。しかし、外部ネットワークを遮断していたイランの核燃料施設は別の方法で攻撃されました。

同じようなことがどこかの国の原子力発電所で起こらない保証はありません。狙われるのは日本かもしれません。核兵器や中長距離ミサイルなど開発しなくても、敵国に壊滅的な損害を与えることができる時代がきているのです。アメリカがサイバー攻撃を大量破壊兵器の1つと位置づけたのは、もっともな理由があってのことなのです。

サイバー戦争の時代には、これまでより一層、世界は信頼し合わなくてはいけません。どこかの国の指導者のように、勇ましいことを言っている場合ではないのです。

誰がやったかわからない

サイバー攻撃が戦争の常識を覆そうとしています。それには理由があります。他の兵器や戦術とは違ったサイバー攻撃の特殊性です。

まず1つ目は、アトリビューション（帰属、属性）の問題です。

サイバー攻撃が起こった場合、加害者あるいは加害者の属する国の見当はついても、実際に誰がやったのかはっきりとはわかりません。犯行声明がある場合は限られますし、あっても真偽は定かではありません。

サイバー攻撃を仕掛けるとき、自国のサーバーから直接相手国のシステムを攻撃する必要はありません。多くの場合、複数のサーバーを経由し、その痕跡を消し去っているため、発信源を特定するのは非常に困難なのです。

実行犯が特定されにくいため、報復を受ける危険性が非常に小さくなります。サイバー攻撃を受けた側は、加害国がどこであるのか概ね見当はついても、確たる証拠はありません。そのため、サイバー攻撃を受けたことを理由に、軍事的に報復しても、国際世論の支持は得られません。

そればかりか、国際法違反とみなされる可能性が大きいと思われます。サイバー攻撃への報復は、サイバー攻撃に限定されるということです。サイバー攻撃を仕掛けた側が、暗殺などの非合法手段は別として、軍事的な報復を被る可能性は高くありません。

軍事的報復とサイバー攻撃による報復のどちらが有効か。それは、報復を受ける側のネットワーク社会の成熟度に左右されます。日本や欧米諸国のようにネットワーク社会が成熟し、IT機器の普及が進んだ国では、ひとたび集中的なサイバー攻撃にさらされた場合、国民生活への打撃は甚大です。ロシアに狙われたエストニアの事例は、それを如実に証明しています。

一方、ネットワークが成熟していない国ではさほど問題となりません。例えば、情報統制のためにネットワークの利用が限られている朝鮮民主主義人民共和国と、ネットワーク先進国のアメリカが全面的なサイバー戦争状態に陥ったとき、どちらの被害が甚大であるかは火を見るより明らかです。

特殊性の2つ目は、コスト・パフォーマンスです。

言うまでもなく、軍事的な攻撃には莫大な費用を要します。戦闘員など人的なコストも甚大です。戦闘となれば戦闘員の命も失うことになります。一方、サイバー攻撃は、大がかりなチームを編成して高度なサイバー兵器を開発し、長期な計画を立てて遂行したとしても、そのコストは軍事的な攻撃の比ではありません。非常に安価です。圧倒的なコスト・パフォーマンスだと言えます。

誰がやったかわからないから、軍事的な報復を受ける危険性は低く、費用もそれほどかからない。つまり、サイバー攻撃は、小国が大国に矢を放つとき、非常に有効な手段だというこ とな のです。

サイバー攻撃の危険性を考えるとき、現在のネットワーク社会は人々が想像している何百何千倍も恐ろしい状況にあります。ですが、残念なことに、それを正しく理解している人はほんのわずかです。

特に日本ではあまり関心が高いとは言えません。相当の予算をかけてサイバーセキュリティを充実させようという政治家の主張はあまり多くないように思われます。しかし、政治の責任だけとも言えなさそうです。もし、「サイバーセキュリティに1兆円の予算を」と公約に掲げても、それで票が集まることはないでしょう。サイバー攻撃について、多くの人が関心を持っていない、その深刻な状況に気づいていないというのが現状だと思います。これはたいへん危険なことではないでしょうか。

サイバー攻撃の危険性とセキュリティの重要性への理解を深めていただくために、次章では、具体的な事件からセキュリティの現状と課題についてお話しします。

第3章

事件簿で読み解くサイバー攻撃

1 大規模情報漏洩事件——対策は終わっていない

第1章、第2章ではサイバー攻撃の実態をご紹介しました。多くの人が他人事のように思い、あまり関心を抱いていなくても、実は私たちの社会はたいへん恐ろしい状況にあるということがご理解いただけたと思います。

本章では、みなさんのご記憶の隅に残っていると思われる数々の事件を読み解きつつ、さらにくわしくサイバーセキュリティの現状と課題をお話しします。

大手旅行会社顧客情報流出事件

2016年6月14日、ある大手旅行会社は海外からの不正アクセスにより最大793万人分の個人情報が流出した可能性があると公表しました。全体件数は重複を省き、後に約679万人分と修正されています。流出した個人情報にはインターネットで旅行商品を購入した顧客のうち、約4300人分の有効期限中の旅券番号が含まれていました。これほど大規模な流出は類のない事件でした。

事件の発端は、大手運輸系の販売会社を偽装したなりすましメールでした。2016年3月15日のことです。メールの件名は「航空券控え　添付のご連絡」で、発信元のメールアドレスのドメインは、販売会社のそれと酷似し、巧妙に偽装されていました。メールの本文には実在する会社と部署の名前や、チケットの予約を確認するときに普段やりとりしているのと同じ文面が記されていました。

メールは特定のオペレーターをピンポイントで狙ったものでした。バックグラウンド調査から始め、どのオペレーターがどの会社と頻繁にやりとりをしているか、どのような内容のやりとりをしているかを調べたうえで、疑いを持たれないようなそれらしいメールを送ってきたのです。

オペレーターが添付ファイルを開くとPDFファイルが表示されました。このとき、ウィルス対策ソフトでは検知できない未知のマルウェアが動き始めます。

頻繁にやりとりのある取引先からの、それらしい件名のメールであり、セキュリティ対策は十分という安心感もありますから、この時点でなりすましメールと気がつくのはほぼ不可能で、メールを開封したオペレーターに過失はなかったと思います。

犯人のハッカーはこのマルウェアを通じてメールを開封したパソコンの遠隔操作を始めます。攻撃者がC&C（Command & Control）と言われるサーバーを使って、マルウェアに感染したパソコンやサーバーに指令を送り、悪さを働くのです。その後もセキュリティ・システムの検知を逃れながら、感染はサーバー2台とパソコン6台に広がります。

攻撃者は3月21日に顧客情報のデータを格納した「実績データベース」にアクセスし、679万人分の情報を抽出したファイルを作成し、それを痕跡の残らない方法で入手したと思われます。

このマルウェアはセキュリティ・システムに検知されないように巧妙に作られていました。ですから、遠隔操作を行っても、ネットワークを監視しているセキュリティ・システムには、サーバーに時々通信が起こっているという普通の処理にしか見えません。つまり、オペレーターがインターネットに接続しているようにしか見えなかったわけです。

大手旅行会社がセキュリティ対策を怠っていたわけではありません。パソコンではウィルス対策のソフトウェアが機能していましたし、社内ネットワークと外部ネットワークが接続されるところには、ファイヤーウォールなどを設置し不正なアクセスを遮断していました。社内ネットワークのセキュリティ情報を監視する専門のサービスも使っていました。考えられる最善の対策をとっていたと言っていいでしょう。

にもかかわらず、不正アクセスの検知までに4日を要し、その間に679万人のデータが盗まれてしまいました。つまり、万全と思われるセキュリティ対策を講じていたにもかかわらず、攻撃を防ぐことができなかったということです。大手旅行会社でなく、どこの会社であったとしても、標的にされたら同様の被害を受けてしまったでしょう。

日本年金機構情報流出事件

第2章で触れた日本年金機構の情報流出事件でも、大手旅行会社の顧客情報の流出事件と同じような手口が使われています。まず、学術機関の職員を装ったメールで、〝セミナーの案内状〟が届きます。マルウェアが仕込まれたファイルが添付されていました。開封した職員の少なくとも2台の端末が感染します。犯人はC&Cサーバーを使って指令を送り、端末同士をつなぐ構内ネットワーク内のファイル共有サーバーに保管されていた個人情報をファイルごと盗んでいます。

日本年金機構の情報流出事件には、人為的な過失もありました。日本年金機構は、情報漏洩を防ぐために、個人情報のデータを扱っているシステムをネットワークから隔離していました。つまり、職員がメールのやりとりやデータの作成など通常業務に利用するパソコンが感染しても、年金加入者の膨大な個人情報には累が及ばないようなセキュリティ対策をとっていたのです。

ところが、職員の1人が、隔離されているシステムに保管されていた情報ファイルを、感染したパソコンに移して作業をしたために、そのパソコンを経由して情報が盗まれてしまったのです。データベースから個人用のパソコンに情報を移して作業する必要がある場合は、個人用のパソコンをネットワークから遮断するというルールがあったはずですが、職員はそのルールを守っていなかったと思われます。

日本年金機構の事例は、万全と思われるセキュリティ・システムを構築しても、人為的なミスがあれば無力化されてしまうことを如実に示しています。

ベネッセ顧客情報漏洩事件

２０１４年７月、通信教育大手のベネッセコーポレーション（以下、ベネッセ）の顧客情報が大量に流出していたことが、同社の記者会見で公表されました。流出した顧客情報は延べ２億件超に及び、重複を省いた実数は約３０００万件と推定されました。

顧客からの問い合わせが相次いだことで情報流出が発覚しました。それはベネッセとは無関係の会社からのダイレクトメッセージについての問い合わせでした。同じ年の６月のことです。社内調査の結果、外部のネットワークから遮断されたデータベースから情報が持ち出されていたことが判明します。

警視庁の捜査により、ほどなく派遣社員のシステムエンジニアの男が逮捕されました。裁判は係争中なのでA被告と呼ぶことにします。A被告は前年12月ごろから情報の持ち出しを始め、名簿業者に売却していました。借金があったそうです。

ベネッセは顧客情報データベースの保守・管理を子会社に委託。子会社はその業務の一部を他の企業に委託し、その企業はさらに別の企業に再委託していました。A被告は再委託を受けた会社の派遣社員でした。絶対に漏洩してはならない顧客情報の管理方法としては、ずさんと言わざるをえません。

犯行のきっかけはスマートフォンの充電でした。データベースの保守・管理が仕事ですから、A被告にはデータにアクセスする権限がありました。しかし、外部記録媒体にコピーすることはできません。「書き出し制御システム」があるからです。ところが、スマートフォンに対してはそのシステムが機能していなかったのです。

2013年7月ごろ、A被告はスマートフォンを充電するために、業務中にデータベースにアクセスできるパソコンとスマートフォンをUSBケーブルで接続したところ、「データをコピーしますか」というようなメッセージが表示されました。制御システムが機能していないことに気づいたA被告は、コピーをスマートフォンに転送してデータを不正に持ち出し、売却したのです。

犯人は逮捕・起訴されましたが、ベネッセの信用は失墜し、大きなダメージを受けました。ベネッセは受講料を減額し、情報漏洩の被害に遭った会員すべてに「お詫びの品」として500円の金券を送るなどの事後対応に200億円を費やし、セキュリティ対策の60億円を加えた260億円をこの年の決算で特別損失として計上しています。そうした対応にもかかわらず、会員減に歯止めはかからず、ピーク時には420万人と公表されていた会員数は2015年4月には271万人と35％近く減少しました。前年比でも26％の減少でした。

ベネッセの事例は内部犯で、ネットワークを介したいわゆるサイバー攻撃とは性質を異にしますが、セキュリティ対策を考える上で、悪意を持った従業員からの防御という課題を浮き彫りにしています。

2 「ランサムウェア」の猛威——攻撃者の狙いはどこに？

人質にされたカードキーシステム

2017年1月、オーストリアの高級ホテルがサイバー攻撃を受け、宿泊客が部屋から閉め出されるという事件が起きました。コンピューターを使えなくさせて身代金を要求するランサムウェアが使われました。

客室のドアの鍵はカード式でした。サイバー攻撃でカードキーのシステムがロックされ客室のドアが開かなくなったのです。その日の宿泊客は180人でした。ホテル側が犯人の要求する1500ユーロ相当のビットコインを支払うと、システムのロックは解除されました。

なんと弱腰なホテルなんだ！　安易に支払いに応じる被害者がいるから類似犯罪がはびこるのだ——。そのような批判はもっともですが、ホテル側にも同情すべき点があります。実は、このホテルは前年にも同じようなサイバー攻撃を受けていました。このときは、身代金の支払いを拒否しています。結果、客室のドアの開錠に時間がかかり、宿泊客に大きな迷惑をかけてしまったうえ、システムの復旧に数千ユーロを費やしました。身代金を支払った方が迅速に解決でき、費用も少なくて済むというのが、身代金を支払ったホテル側の説明でした。

1度、身代金を支払うと、攻撃は繰り返されます。このときの攻撃は3度目だったそうです。身代金を支払うと攻撃が繰り返されることを痛感したホテルは、コンピューター・システムを入れ替え、最新のセキュリティ対策を講じ、4度目の攻撃を防いでいます。この次に改修工事をする際には、カードキーはやめにして、昔ながらの鍵にする予定だということです。

150カ国23万台の端末が感染――ワナクライの猛威

ワナクライ（WannaCry）という単語を耳にされたことのある人は多いと思います。これもランサムウェアの1種で、今、世界で猛威をふるっています。ウィンドウズを標的としたワーム（自己増殖）型のマルウェアで、データを暗号化して判読不能にし、解除のためにビットコインを要求します。2017年5月ごろから、ワナクライを使った大規模なサイバー攻撃が開始され、150カ国23万台以上のパソコンが感染したと言われています。

イギリスでは医療機関が標的にされました。攻撃を受けた国民保健サービス（NHS）では、MRIや血液貯蔵冷蔵庫など7万台の機器に影響が及んでいます。NHSはイギリスの国家予算の4分の1を占める大組織です。また、約40の医療施設ではシステムダウンのため患者情報にアクセスできなくなり、手術を中止したり診療予約をキャンセルしたりという事態に陥りました。イギリスの日産自動車の工場も攻撃され、生産が一時停止しています。

図表3-1　ワナクライが表示する脅迫文

ヨーロッパではこの他、ドイツ鉄道やフランスのルノー、スペインのアルヘンタリア銀行、通信会社テレフォニカ、ルーマニア外務省などで攻撃が確認されています。ルノーは生産ラインが13日間停止し、大きな損害を受けています。ロシアではロシア鉄道、内務省、ロシア最大の民間銀行であるロシア貯蓄銀行が攻撃を受けました。

アジア圏でも中国の公安部や大学、インドの警察と地方政府、インドネシアの病院などが被害に遭っています。

日本でも攻撃が確認されています。日立製作所、JR東日本、イオン、本田技研工業、日本マクドナルドなどが攻撃を受けました。企業だけでなく、個人も被害に遭っています。滋賀県の自営業の男性のパソコンが感染し600ドルを要求されました。他にも取り締まり当局が確認できていない被害は相当数に及ぶと推測できます。

進化する手口

第2章で見た通り、ランサムウェアはコンピューターを人質にとって身代金を要求します。まさに闇ビジネスです。しかも、ランサムウェアの存在が確認された当初より、ビジネスとして進化しています。

当初はコンピューターを使えない状態にして身代金を要求するだけでした。被害者が身代金を支払っても、コンピューターは元には戻りませんでした。それが周知されると、身代金を支払う人はいなくなりました。

ところが、今では、身代金を支払うとちゃんと元に戻してくれます。しかし、ここに罠があります。身代金を支払った被害者は、継続的に標的にされ〝リピーター〟にされてしまうのです。手口も巧みになり、身代金は概ね少額で、支払いを躊躇していると身代金が増額していく仕組みになっているものもあります。

さらに恐ろしいのは、ランサムウェアを使った犯罪モデル自体が、売買されている実態です。先にお話ししたブラックマーケットでは、さまざまなランサムウェアが売買されています。つまり、不届き者はマルウェアを自ら開発する必要はまったくありません。売っているだけでなく、使用方法まで懇切丁寧に教えてくれます。「ランサムウェア・アズ・ア・サービス」という言葉があるくらいです。

例えば、ワナクライだと、どこの国でも使えるように28カ国語に対応しています。以前だと、英語が読めない人が多い日本は狙われにくかったのですが、今は日本語にも対応しています。サポート体制も充実していて、説明書のようなものには、問い合わせやヘルプデスクの電話番号まで書いてあります。まさにビジネスとして成立しているのです。


大手旅行会社や日本年金機構の情報漏洩事件を加害者側から見ると、かなりリスクが大きいビジネスです。このビジネスは、盗み出した情報を売りさばくことで成り立ちますが、盗むときと売るときに2度、足がつく危険性があります。

ランサムウェアはそのリスクを最小化した犯罪です。情報を盗む手間も、売り先を探し交渉する手間も省けます。しかも、身代金は仮想通貨で決済されますから、匿名性が保たれ、足がつくことはありません。誰でも手軽に手を染められるのです。
ランサムウェアが猛威をふるっているのは、それだけの理由があってのことなのです。

3 標的型攻撃――潜伏するマルウェアの恐怖

日本航空ビジネスメール詐欺事件

2017年12月、日本航空は「振り込め詐欺」の被害に遭い、合計約3億8000万円を詐取されたことを公表しました。取引先になりすました犯人からのメールを信じ、航空機リース料や業務委託料を支払ってしまったとのことです。

新聞報道によると、日本航空はアメリカの金融会社とボーイング777型機のリース契約を結んでいました。この年の9月にこの金融会社の担当者を装い、支払い口座の変更を知らせるメールが届きます。送信元のメールアドレスは、金融会社の担当者のアドレスと同じで、書式や文面も日頃やりとりしているビジネスメールと同様だったため、日本航空の担当者は何の疑いも持たず3億6000万円のリース料を〝変更された〟口座に振り込みました。典型的なビジネスメール詐欺です。

日本航空は同じ年の8月と9月にも、同じ手口で計2400万円の貨物業務委託料を詐取されていました。

日本航空の事件には潜伏型のマルウェアが使われた可能性が非常に高いと思われます。「トロイの木馬」です。まず、何らかの方法で日本航空のパソコンを感染状態にさせます。詳細は明らかにされていませんが、マルウェアを仕込んだ添付ファイルを送り付けたり、マルウェアを潜伏させたウェブサイトに誘導するメールを使ったりした可能性が考えられます。

このマルウェアは、被害者側から見ると長期間何もしません。ですが、実は裏では気づかれないように情報を収集しています。今回の事件の場合、日本航空の担当者と金融会社の担当者のメールのやりとりを監視していたことはまず間違いありません。担当者名、メールアドレス、本物のメールと同じ書式や文面などが、それを裏づけています。新聞報道の通り、取引先金融会社の担当者のメールアドレスが本物と同一であったとすれば、金融会社のドメイン自体も乗っ取られていた可能性があります。

犯人は、長期間にわたり、担当者同士のやりとりを監視、研究してチャンスを待ちます。金融会社からリース料の請求が来るときです。金融会社から請求のメールが届いたのを知った犯人は、間髪を容れず、あるいは時期を見計らって、振込口座変更のメールを送ります。これが日本航空ビジネスメール詐欺事件です。

頻発するビジネスメール詐欺事件

第1章で見た通り、ビジネスメール詐欺は海外で横行しています。〝流行〟とも言えます。流行りだしたのは2014年ごろからです。

日本航空の事件もそうだったように、メールによりパソコンが感染させられたところから、すべては始まります。反対の言い方をすれば、マルウェアを仕込んだメールを無差別にばらまき、それで感染した企業を標的にしているとも考えられます。

パソコンを感染させると、それを足掛かりにC&Cサーバーを構築し、企業内の他のパ

図表3-2 「ビジネスメール詐欺」メールの受信経験割合

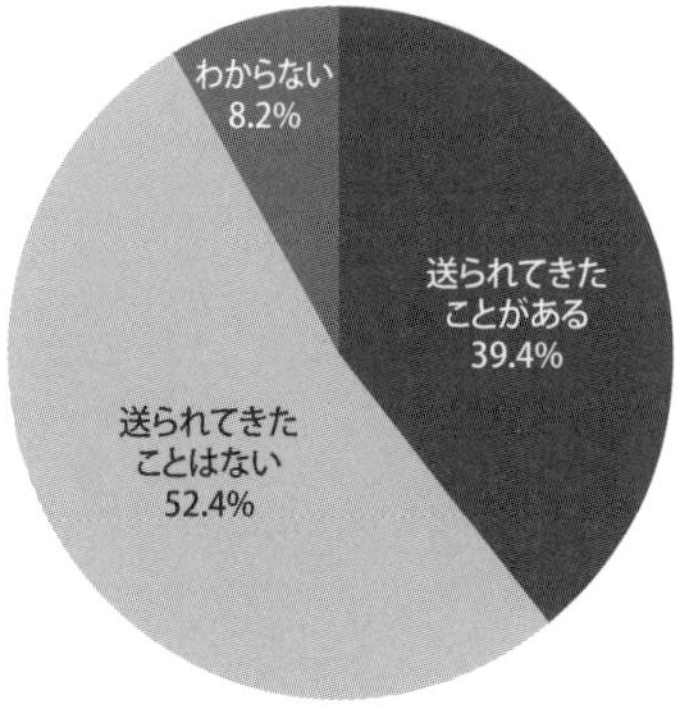

出所：「ビジネスメール詐欺に関する実態調査2018」トレンドマイクロ

図表3-3 送金依頼メールに起因した送金金額内訳

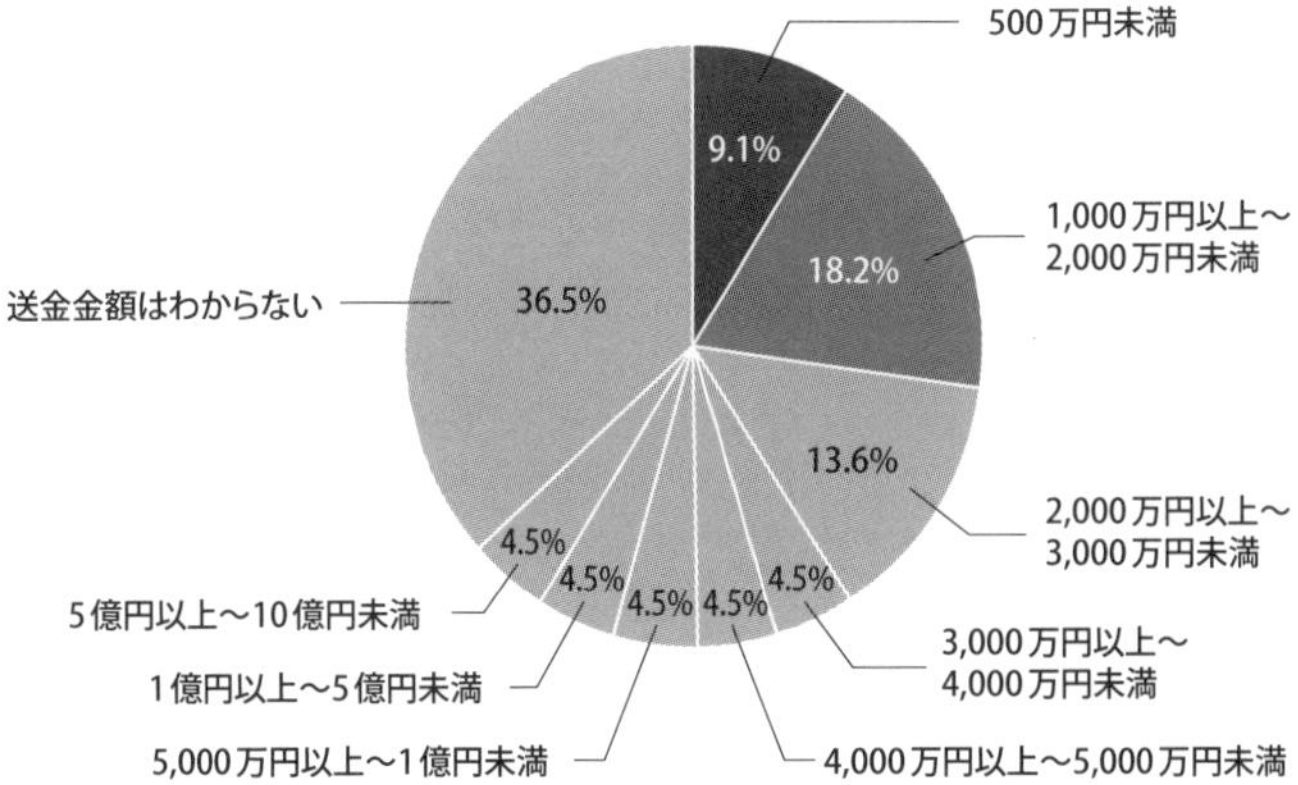

出所：「ビジネスメール詐欺に関する実態調査2018」トレンドマイクロ

ソコンを次々と感染させていきます。そして、日本航空の場合がそうであったように、外部とのメールや、あるいは社内メールや重要会議の議事録などを盗み見して、チャンスを待つわけです。

多くの場合、マルウェアは1年以上にわたり潜伏しています。その期間中、標的にされた企業のパソコンの中はすべて盗み見され、モニタリングされています。人に言えないようなことをしていると、恐喝される危険性もあります。

日本では日本航空事件まで巨額の被害は確認されていませんでしたが、この事件で安心できなくなってしまいました。情報セキュリティ会社大手のトレンドマイクロが実施した企業へのアンケート調査（「ビジネスメール詐欺に関する実態調査2018」）では、39・4％の企業が偽メールを受信したことがあり、8・7％が実際に金銭詐取の被害に遭ったことがあると回答したということです。

4 コインチェック事件は繰り返される

2018年1月26日未明、仮想通貨取引所大手のコインチェックがサイバー攻撃を受け、顧客から預かっていた仮想通貨NEM（ネム）のほぼすべて、約580億円分が外部に流出しました。

日本では2014年にもマウントゴックス社でビットコイン約470億円分が消失する事件が発生していますが、コインチェックの流出額はそれを上回り過去最大規模の流出事件になりました。海外でも仮想通貨の流出・消失事件は繰り返されています。

仮想通貨の取引所が狙われたコインチェック事件は、サイバー版銀行強盗とでも言うべき事例です。取引の大半が電子化される以前の銀行で毎日多額の現金が動いていたように、仮想通貨の取引所では常に何百億円相当の仮想通貨が取引されています。

大量に取引される仮想通貨を〝強盗〟から守るために、取引所のコンピューターには、銀行の金庫のような頑丈なシステムがあります。もちろん鍵もあります。電子データの鍵です。一般に金庫と電子データの鍵は、外部からアクセスできない、ネットワークを遮断した場所に保存してあります。オフラインと呼んでいます。サイバー攻撃を受けないためです。

実際の業務では、これはかなり面倒なことです。オンラインのパソコンで仮想通貨の売買のリクエストがあるたびに、オフラインの金庫に仮想通貨を保管したり、金庫から引き出したりしなければならないからです。かといって、金庫を施錠せず開けっぱなしにしておくわけにはいかないので、取引所は、金庫は必ずオフラインにしておくというようなルールを決めて、厳格に運用しているはずです。

ところが、コインチェックはNEMを保管する金庫と鍵の入ったコンピューターをオンラインにしていました。金庫の鍵を差しっぱなしにしていたのと同じです。犯人は、マルウェアを使って鍵を操作し、金庫の中に入っていたNEMを根こそぎ持ち出したのだと考えられます。

仮想通貨を狙った犯罪は繰り返される可能性があります。セキュリティが甘かったり、対策はとっていても、いいかげんな運用をしたりしているところが狙われます。銀行強盗と同じです。

現在、世界で流通している仮想通貨は1500種類以上に及び、時価総額は30兆円を上回っていると言われています。今、この瞬間にも流通量はどんどん増えています。最も有名なビットコインの1日の取引量は4年間で167倍に増加しています。1ビットコインの価格は4年間で15倍に上昇しています。

一方、仮想通貨の取引所は国内に20カ所以上、世界では200カ所以上あります。ハッカー集団は、セキュリティに脆弱性があったり、運用がいい加減であったりする取引所を狙っているのです。

狙われるのは取引所だけとは限りません。管理意識の低いユーザーの仮想通貨が狙われる危険性もあります。銀行強盗は難しくても、オレオレ詐欺や振り込め詐欺が簡単なのと同じです。今後、そのような犯罪が増える可能性は大いにあると思います。

5 インターネットバンキングは安全か？

ドリームボット

２０１７年10月、警視庁のサイバー犯罪対策課は、インターネットバンキング利用者の預金を不正に引き出していた犯罪グループを摘発したことを公表しました。犯人グループは「ドリームボット」と呼ばれる新種のコンピューターウィルスを使って、感染者の口座から犯人グループの口座に預金を送金させていました。被害総額は2億４０００万円に上ると見られています。

犯人グループは、ドリームボットを潜ませたファイルを添付したメールを無差別に送信しています。ファイルを開いてしまうとパソコンは感染し、インターネットバンキングを使

図表3-4　インターネットバンキングによる不正送金被害

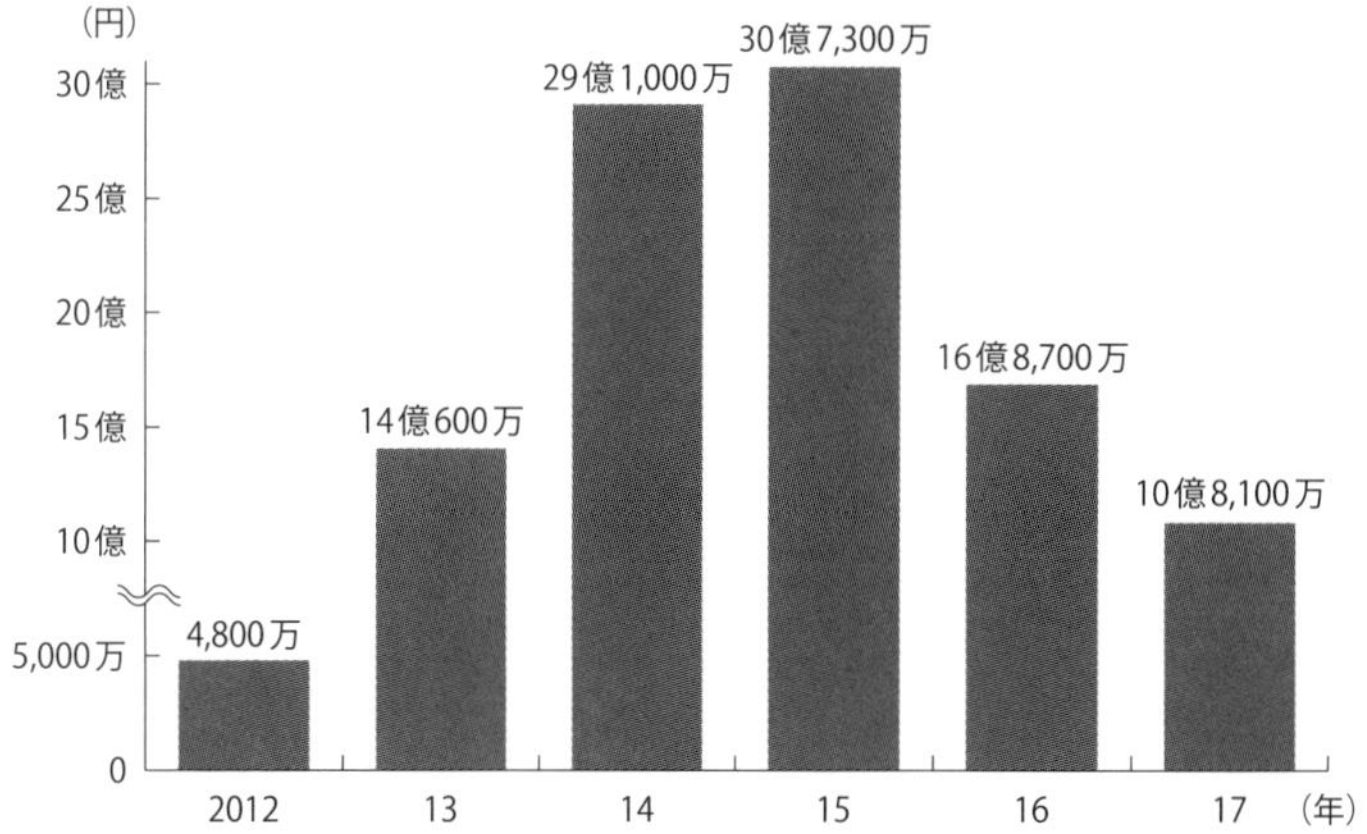

出所：警察庁資料より

用すると、偽のワンタイムパスワードの入力画面が表示され、そこに入力すると一定の金額が犯罪グループの口座に送金される仕組みになっていました。

警察庁によると、インターネットバンキングを狙った不正送金事犯の被害額は、２０１２年の４８００万円から翌２０１３年には14億６００万円、２０１５年には30億７３００万円と急増しています。セキュリティ対策が進み、２０１６年以降は減少に転じていますが、２０１７年の被害額は10億８１００万円で、うち摘発された犯行グループによる被害は２割以上を占めていました。

インターネットバンキング・セキュリティの歴史

注目すべきは、インターネットバンキングのセキュリティの問題です。ドリームボットは、ネットバンキングの脆弱性を突いたマルウェアではありません。近年、ネットバンキングで一般的になってきた、ワンタイムパスワードの認証システムの信頼性を逆手にとって、被害者が不正送金に気づくのを遅らせる狙いがあったのではないかと考えられます。

では、インターネットバンキングの認証システムは、セキュリティ上、信頼できるものでしょうか。認証システムの変化を少し振り返っておきましょう。

インターネットバンキングでは、当初、ＩＤ（口座番号）とパスワードで利用者の本人確認を行っていました。しかし、このシステムではＩＤとパスワードを盗まれると、預金口座は鍵のかかってない金庫状態になってしまいます。

ＩＤとパスワードは、偽サイトで盗まれる事例が多くありました。例えば、ある銀行のネットバンキングのサイトとそっくりな偽サイトを作って、訪問者から認識情報を盗む方法です。偽サイトでＩＤやパスワードを入力すると、情報はいとも簡単に盗まれてしまいます。

「パスワードリスト攻撃」という方法もあります。みなさんは違うと思いますが、世の中には用心深さに欠け、ものぐさな人が一定の割合でいるものです。そのようなタイプの人は、メールであろうが、アマゾンであろうが、ネットバンキングであろうが、どれも同じIDとパスワードを使う傾向があります。いちいち変えていると面倒だし、憶えておくのもたいへんです。銀行やアマゾンのサイトをハッキングするのは簡単ではありませんが、中には簡単にハッキングできる商業サイトもあります。ハッカーはそこをハッキングして会員のIDとパスワード情報を盗み出します。

ものぐさな人は、他のサイトでも同じIDとパスワードを使っているかもしれません。クレジット会社や銀行など巨額のおカネを扱うサイトに行って、盗み出した会員情報を片っ端から試してみる、というのがパスワードリスト攻撃です。ヒットすれば後は取り放題です。

2013年ごろから不正送金の被害が大きくなったのを契機に、IDとパスワードに加え、認証に乱数表を利用する銀行が増えました。利用者にあらかじめ印刷された乱数表を送付し、乱数表を見ながら認証画面に数字を入力するやり方です。例えば、「A－6を入力」という指示があれば、乱数表の「A－6」にある数字を入力するという方法です。

これはとても面倒でユーザーにはあまり評判がよくありませんでした。加えて、乱数表そのものの情報を盗み出そうとするフィッシングサイトも現れました。乱数表が盗まれてしまっては、一巻の終わりです。

次に採用されたのが、ワンタイムパスワードです。ご存じの方も多いと思いますが、多くの場合、トークンと呼ばれる小さな機器に提示される数十秒間だけ有効なパスワードです。パスワードは刻一刻と変化していきます。ネットバンキングのサーバー側では利用者のIDとトークンのシリアルナンバーは関連づけられています。ネットバンキングの認証を受ける際、IDとパスワードに加え、そのときに有効なワンタイムパスワードを入力するという方法です。セキュリティは強化されましたが、トークンを入手しないと使えないなど、ユーザーの負担は大きくなっています。

電子証明書神話の崩壊

乱数表やワンタイムパスワードは、主に個人利用者向けの認証システムです。一方、近年、ネットバンキングを狙ったサイバー攻撃で標的にされているのは、圧倒的に企業です。

個人の場合、振り込め詐欺対策などのため、送金の上限額が低く定められていて、〝犯罪効率〟が低いのが理由だと思われます。

法人が利用するネットバンキングは、IDとパスワードだけではなく、送金に利用できる端末を特定する方法で認証システムを作っています。

端末の認証は「電子証明書」の発行という形で行っています。電子証明書の発行には審査があって、企業が正しく登記されているか、担当者が実在するかなどが確認されます。審査を通過すると、電子証明書と秘密鍵というものが発行されますが、証明書は1申し込みにつき1通しか発行されず、1台の端末機にしかダウンロードできない仕組みになっています。電子証明書がダウンロードされていない端末ではネットバンキングは利用できません。ひとたび登録した電子証明書と秘密鍵はその端末から抜き出すことはできません。そのため、利用できる端末機が特定されるわけです。

利用できる端末機を特定する電子証明書方式は、かなり安全なシステムだと言えます。一時は、「電子証明書神話」と称されたほどです。しかし、最近になって、電子証明書と秘密鍵自体を抜き取るマルウェアが開発され、それを他の端末に登録して悪用する犯罪が増えています。電子証明書と秘密鍵自体を盗んでしまえば、口座を操作して企業の銀行口座から預金を盗むことは簡単だからです。

電子証明書の安全神話は、実は崩壊しているのです。

6 すべてのパソコンが危ない——発見されたＣＰＵの脆弱性

ＣＰＵという言葉はご存じでしょうか。Central Processing Unit（中央演算装置）の略称です。プログラムに従ってデータの処理や計算を行う部品で、パソコンやスマートフォンの「頭脳」です。

２０１８年1月2日、イギリスの技術系ニュースサイトの「ザ・レジスター」が、インテル社のＣＰＵに設計上の欠陥があると報じ、ＩＴ業界のみならず世界中に衝撃が走りました。

インテルは翌日この報道を否定しましたが、「特定の設計の欠陥やバグではなく、（他のＣＰＵメーカーや基本ソフトメーカーなども含め）業界全体で対策に取り組んでいた課題だ」と説明し、CPUに脆弱性があることを事実上認めました。脆弱性はハッカーの大好物です。

報じられた脆弱性の1つは「メルトダウン」と呼ばれる設計上の欠陥です。ハッカーにこの脆弱性につけ入られると、簡単に情報を盗まれてしまう危険性があります。

コンピューターには、何かの処理をする際に、CPUを使ったハードウェアでの処理と、メモリーという一時的な記憶領域を使ったソフトウェア（アプリケーション）での処理があります。それぞれの処理は役割分担されており、ソフトウェアは計算が必要な場合にはCPUに依頼をし、その戻ってきた結果をメモリー上に格納します。ソフトウェアは、計算の仕方はCPU任せなので、実際にどのように計算しているのかは知りません。

メモリーは厳重に管理されていて、格納された情報は外から覗かれたり盗まれたりすることはありません。CPUも厳重に防御され、外から覗かれる心配はないはずでした。

ところが、安全なはずのCPUの設計に欠陥が見つかり、外から覗かれる危険性が発覚したというのが、今回のメルトダウンです。比喩を使って簡単にご説明します。コンピューターが更衣室全体だとすると、メモリー領域はロッカーで、CPUは個人の脱衣スペースです。ロッカーの中には人には見られたくないものも入っていますから、鍵があって出し入れは厳重に管理されています。CPUは脱衣スペースですから、人（プログラム）が入ってきて着替え（計算）をします。上着を着替えるときは他の人に見られてもかまいませんが、下着を着替えるときにはそういきません。不届き者に覗かれないために、脱衣スペースは厳重に管理されていなければなりません。ところが、覗けてはいけないはずの脱衣スペースの中を覗ける穴が見つかった。それが今回指摘されたメルトダウンと呼ばれる脆弱性です。

この欠陥は、CPUの高速化を実現するために起こった設計上のミスです。脱衣スペースを厳密に個々に区切っていたのでは、込み合ってきたとき着替えにくくなります。そのため、仕切りを取っ払ってしまった、というようなイメージです。

覗き穴があったり、仕切りがなくなったりした脱衣スペースに悪い人（ウィルスに感染したプログラム）が入ってくると、何をするでしょう。盗撮（情報流出）です。今回見つかった脆弱性をハッカーに利用されてサイバー攻撃を受けると、プログラムを使って行っている作業が丸見えになってしまう危険性があるのです。

そのため、実際のコンピューターの世界では、この脆弱性を利用して、ソフトウェアの気づかないところで、マルウェアが情報漏洩などを引き起こすことが可能な状態になってしまいました。

今のところ、今回のメルトダウンにつけこんだサイバー攻撃は報告されていませんが、今後、そうした被害が起こらないという保証はありません。

マイクロソフトやグーグルは、プログラムの更新で安全性を高める対応策を公表していますが、対症療法に過ぎません。根治するためには、脆弱性を解決したＣＰＵに取り換えるしかありません。けれど、それはとても面倒なことなので、そうした対応をするユーザーは多くはないでしょう。

世の中には、ハッカーの大好物が溢れかえっているという状況が生まれているのです。

第4章

サイバーセキュリティ

1 サイバーセキュリティの戦略

復習――サイバー攻撃の分類とセキュリティの2つの柱

第3章ではサイバー攻撃の事件簿を読み解きながら、サイバーセキュリティの課題についてお話ししました。本章では、セキュリティの課題を踏まえ、では、一体、どのような考えのもとに、実際にどのようなセキュリティ対策が行われているかについてお話しします。セキュリティの戦略と戦術です。

結論を先回りして申し上げると、従来の発想にとどまっている限り――ここは大切なところなので、後ほどじっくりご説明します――セキュリティ対策はいたちごっこで、完璧に近いセキュリティを追求するとキリがないため、サイバーセキュリティそのものに対する発想の転換が必要になります。

本題に入る前に、サイバー攻撃について整理しておきます。

サイバー攻撃には無差別型と標的型があります。パソコンを人質にするランサムウェアは無差別攻撃の典型です。標的型に利用されることもありますが、無差別に攻撃された個人が被害に遭うことが多いマルウェアです。

一方、大手旅行会社や日本航空の事例は明らかな標的型です。犯人はマルウェアを長期間潜伏させて周到な準備をしていた可能性が高いと思われます。企業や政府機関、病院や交通機関などの被害は、概ね標的型で攻撃されていると思われます。

攻撃にはマルウェアを仕込んだメール、ウェブサイト、外部メディアの3つのどれかを使います。方法はそれしかありません。それらを組み合わせた複合型もあります。

無差別型にはマルウェアを潜ませた添付ファイルを電子メールでばらまく方法と、ウェブサイトにマルウェアを潜ませておく方法があります。汚染された添付ファイルを開いたり、ウェブサイトを閲覧したりしたらアウトです。汚染されたウェブサイトのリンクや広告を装ったバナーを貼ったメールを無差別にばらまき、汚染サイトに誘導するという合わせ技もあります。これをフィッシングと言います。

図表4-1　サイバー攻撃の分類

	無差別型	標的型
対象	個人が多い	企業、政府機関、病院、交通機関など
経路	メール、ウェブサイト、外部メディア（USBメモリー、CD-ROMなど）	
方法	• マルウェアを添付したメールをばらまく • 汚染されたウェブサイトを閲覧させる • フィッシング（メール送付→汚染サイトに誘導）	• 偽メール⇒遠隔操作

標的型は一次攻撃に偽メールを利用する事例が大多数を占めています。すべては偽メールから始まると言っても過言ではありません。ただし、偽メールが届く前にすでに無差別型で攻撃されていた可能性もあります。無差別メールで感染させた相手のパソコンを遠隔操作して情報を収集し、それを元に攻撃プランを考えるタイプです。

外部メディアによる攻撃は、ＵＳＢメモリーなどの記憶装置にマルウェアを忍び込ませておく方法です。アメリカがイランの核燃料施設を攻撃したと言われているのもこの方法です。ＵＳＢメモリーを差し込んだ途端に、パソコンが感染してしまいます。外部メディアによる攻撃は、外のネットワークから遮断されたクローズドのパソコンや社内ＬＡＮを標的にし、内部犯であるケースが多くなります。

しかし、無差別型に利用されることもあります。

景品や無料配布のUSBメモリーには要注意です。拾ったメモリーを使うのは問題外です。マルウェアが仕込まれているかもしれません。安心できる企業や人からのプレゼントや景品にも注意が必要です。出荷段階で感染しているかもしれないからです。友人から借りたUSBメモリーも安全とは言えません。音楽や動画、映画のファイルにマルウェアが潜んでいるかもしれません。もちろん、友人もそれに気づいていません。

この世には危険がいっぱいです。さて、私たちのようなサイバーセキュリティ企業は、それをどのように防ごうとしているのか。それが、本章の本題です。

ウイルスバスターやノートンはご存じですね。セキュリティソフトの名前として有名です。汎用のパソコンを購入すると、その大半にどちらかのソフトがあらかじめインストールされていることが多いと思います。個人ユーザーや企業のセキュリティを担っているのは、そのようなサイバーセキュリティ専門企業です。しかし、最近ではそんな専門企業以外にも、サイバーセキュリティを提供する企業が増えてきています。

マイクロソフトのようなOSメーカー、グーグルやヤフーなどのインターネット関連会社、インターネット接続サービスを提供するプロバイダーなど、ネット社会のインフラを提供する企業もサイバーセキュリティを担っているのです。もちろん、そうした会社とサ

図表4-2　サイバーセキュリティ対策　2つの柱

入室管理

マルウェアの侵入を防ぐ

❶ メール対策

❷ ウェブ・ブラウザ対策

❸ 外部メディア対策

事後対策

❶ 運用監視
→情報通信記録（ログ）の蓄積

❷ 事後対応
→原因・犯人の追跡
→被害後の対応支援

イバーセキュリティ専門企業が協力、提携することもあります。

サイバーセキュリティ企業は、「入室管理」と「事後対策」の2つのサービスを提供しています。前者は防衛策、後者は善後策です。

防衛策でもっとも重視されているのは、エンドポイント、つまりユーザーのパソコンやサーバーにマルウェアを到達させないことです。入り口で徹底的にチェックして侵入を防ぐこと、これが〝入室管理〟の考え方です。

しかし、完璧はありません。もし入られてしまっても大切な情報を盗まれないように出口を塞ぐこと、もし逃げられても徹底的に追いかけて犯人を特定し、起こったことを解明し、さらには被害に遭った企業の事後対応策を支援する。これが〝事後対策〟です。

パソコンやスマートフォンなどのエンドユーザーの端末機は、インターネットなどを利用してさまざまな情報のやりとりをしています。情報が入ってくる場所が入り口です。入り口は、メール、ウェブ・ブラウザ、外部メディアの3カ所です。そのため、入室管理は「メール対策」、「ウェブ・ブラウザ対策」、「外部メディア対策」の3本立てで行います。

事後対策は「運用監視サービス」と「事後対応サービス」の2本立てです。外敵の攻撃を受けたときに犯人の証跡を追及できるように、日ごろから証拠を集めておく。これが運用監視サービスです。そのため、顧客企業の日常的な情報通信の記録（ログ）を蓄積していきます。一方、情報流出やビジネスメール詐欺の被害を受けてしまった企業向けに提供するのが事後対応サービスです。被害状況を詳細に調査し、原因や犯人の特定に努めると同時に、被害の公表の仕方やマスコミ対応などを支援します。

それぞれについて、順番にご説明していきましょう。

入室管理

メール対策

入室管理の1つ目はメール対策です。

みなさんの会社での朝一番の作業は、おそらくメールのチェックだと思います。パソコンを開くと、毎日届く大量のメール、そして、かなりの量のスパムメール。この大量のスパムには、うんざりでは済まされない危険があります。マルウェアを潜ませた添付ファイルとフィッシングメールです。最も身近なサイバー攻撃です。

このような迷惑なメールや危険極まりないメールはフィルタリング（選別）して、ユーザーのメーラーにデリバリー（配送）される前に破棄してしまう。それが、セキュリティ企業が行っているメール対策の考え方です。

フィルタリングはいろいろなポイントで行われます。ユーザーに近いところから見ていくと、まず、個人ユーザーならパソコンにダウンロードしたセキュリティソフトです。社内LANを構築している企業なら、外部のネットワークとの接続ポイントとなるメールゲートウェイです。メールのフィルタリングをしてくれるサービスプロバイダーもあります。そこで、マルウェアやフィッシングメールを選別しています。例えば、1日100通のメールが送られてくるとすると、そのうち9割程度は排除されています。スパムやフィッシングメールのフィルタリングの方法は、1つではなく、いくつものやり方で行われていますが、技術的な方法については後ほどくわしくご紹介します。

不要なメールや危険なメールの検知は、それぞれのセキュリティ企業が独自のルールを決めて行っています。つまり、どのセキュリティソフトを使っても同じというわけではありません。セキュリティ企業は、独自の計算式を作ってメールの危険性や迷惑度を採点します。そして危険性や迷惑度が、ルールで決めた基準を超えると削除する、あるいは「スパム」とか「迷惑メール」などの名前を付けたフォルダに収容する、そのような方法で検知しています。そこでウィルスを発見すると隔離もします。

ユーザーにとって、とてもありがたい安心安全なサービスですが、誤検知がつきものなのが玉に瑕です。安全を期すために、さまざまな方法でフィルタリングしているため、そこでちょっとした手違いがあると、本来、配達されるべきメールが途中で捨てられるということが起こってしまいます。例えば、フィルタリングの方法に「パターンマッチング方式」というものがあります。これは、指名手配書のようなもので、手配されているファイルをフィルタリングします。間違って、何も悪いことをしていない人が指名手配されていたらたいへんです。冤罪になってしまいます。しかし、そのようなことが起こりかねないのです。

間違って捨てられたメールに重要な情報が含まれていたらもっと困ってしまいます。大切な取引先からの火急のリクエストだったり、家族の安否や個人の情報が含まれている内容だったりしたら目も当てられません。また、クラウドで扱う何十万人規模の添付ファイルがついていたメールが捨てられてしまったという事故も実際に起きています。

しかも、この手配書自体がサイバー攻撃される可能性があります。何者かが偽情報を流して、罪のないファイルを手配書に載せてしまうのです。嫌がらせだったり、国家規模の陰謀だったりします。

メールは中継地点でもフィルタリングされています。ここでのフィルタリングは、メールのサービスを提供しているキャリア（通信事業者）が行っています。そのポイントで、大半のマルウェアは排除されます。セキュリティソフトが、家のポストに届けられた不審な郵便物を仕分けする門番だとすると、キャリアは郵便局のようなもので、局の側でも厳重なチェックをして不審な郵便物を破棄しているというわけです。

ウェブ・ブラウザ対策

入室管理の第2番目はウェブ・ブラウザ対策です。

ユーザーが仕事上の業務に不可欠なブラウザを安全に使えるように、ブラウザを利用して閲覧するウェブサイトからの情報の出入りを厳重にチェックしています。

さて、よくみなさんが訪問されている有名なサイトがありますね。例えば、グーグルとかヤフーなどの検索サイトです。さて、そうしたサイトを訪問すると、そのサイトとみなさんのパソコンやスマートフォンとの間でどのくらいの情報（ファイル）が行き来しているでしょうか。

あるサイトで実験したところ、トップページを開いているだけで何も操作をしていないのに、1秒で100近くの別のファイルにアクセスしていました。パソコンのバックグラウンドでは知らないうちにそういうやりとりが行われているのです。もちろん、誰もが知っている有名なサイトのセキュリティは厳重ですが、閲覧したと同時にやりとりされるファイルのどこか1つにでも、ハッカーにつけ入られる穴があって、そこにマルウェアが潜んでいればアウトです。

そこで、ユーザーのパソコンの入り口では、ブラウザから送られてくる情報（ファイル）をすべてフィルタリング（検査）しています。メール対策と同じです。その役割はセキュリティソフトが担っています。もちろん、変なファイルがユーザーまで届かないように、ブラウザも膨大なファイルをフィルタリングしています。

さらに、ブラウザを利用してウェブサイトとユーザーのパソコンの間で行き来する通信を、暗号化という方法で、外部に情報が漏れないように管理している場合もあります。覗き見を防ぐためです。

ブラウザを使ってパソコンの画面で閲覧しているウェブサイトの情報（ファイル）は、ウェブサイトの作成者のコンピューターの中にあります。そのファイルをユーザーのパソコンで閲覧できるように仲介しているのがブラウザです。情報はウェブサイトの管理者のウェブサーバーからブラウザを経由してユーザーのパソコンに送られてきます。サイトを閲覧しながら、リンクをクリックしたり、検索したりといったリクエストの情報は反対の経路を辿ってウェブサイトの管理者に送られます。その情報の流れの中で、ウェブサーバーとブラウザの間の通信を暗号化します。ウェブサーバーの管理者が暗号化し、ブラウザはその暗号を解く鍵を持っているのです。

ウェブサイトのURLをくわしく見ると、最初の文字列は「https」となっているのが大半です。少し前まではほとんどが「http」でした。最後の「s」はsecureの頭文字で、通信が暗号化されていることを表しています。httpのサイトは暗号化されていません。つまり、httpのウェブサイトは覗き見されている危険性があるということです。

暗号化は2016年前後から多くのウェブ管理者が採用するようになり、2017年末には全体の3分の2のサイトが暗号化されたという調査結果があります。

整理しておくと、ウェブサイトを閲覧する際のセキュリティ対策は、ユーザーのパソコンのセキュリティソフトによる入室管理、ウェブサイト管理者の出入室管理、ウェブサーバーとブラウザ間の情報通信の暗号化という方法で行われているのです。

外部メディア対策

外部メディアとはＵＳＢメモリーとかＣＤ、ＤＶＤ、ＲＯＭなどの記憶装置のことです。パソコンなどの端末機に直接アクセスします。そのため、セキュリティ対策は端末機にインストールしたセキュリティソフトで行うほかありません。方法はメールと同じでフィルタリングです。その具体的技術については後ほど説明します。

事後対策

「運用監視」と「事後対応」の２本立てで提供されている事後対策は、企業向けのサービスです。

運用監視とはネットワーク上で往来する情報（ファイル）の証跡監視のことです。何かことが起こったとき、つまり、サイバー攻撃の被害に遭ってしまったとき、犯人を追跡するためになくてはならない仕事です。

国境を越える人の動きは各国の出入国管理当局が管理しています。パスポートコントロールです。ブラックリストに記載された人物は入国を拒否されます。国際手配犯なら捕まります。モノの動きを記録しているのは税関です。そこでモノの出入りはすべて記録されます。

ネットワーク世界も同じです。情報（ファイル）が行き来するあらゆるポイントでログ（通信記録）が保存されています。

運用監視サービスは、この膨大な通信記録を収集して管理します。例えば、C商事という会社が、Dセキュリティというサイバーセキュリティ会社に運用監視サービスを依頼しているとすると、DセキュリティはC商事に出入りするすべての情報のログを集めそれを保存します。C商事の社員が誰とメールをやりとりし、どのウェブサイトを閲覧し、そのウェブサイトからどのような情報（ファイル）を受信したかというような情報をすべて記録しておいて、被害に遭ったときに犯人を捜索するために使ったり、逮捕するときの証拠にしたりするわけです。

日本には運用監視サービスを提供するセキュリティ企業が30社前後あります。24時間365日、顧客企業の通信記録を取り込んでひたすら情報を解析しています。費用は1つのポイントについて年間500万円ぐらいが相場です。企業規模によりますが、運用監視のサービスコストは一企業あたり数千万円という単位になっています。

一方、セキュリティ企業は、事故に遭ったり、事件の被害者になったりした企業の事後対応のサービスも提供しています。

もし情報を流出してしまったとき、企業は何をすべきでしょうか。まず、被害の実態を正確に把握しなければなりません。次に原因の追究です。運用監視サービスを利用していれば、そんなとき力を発揮します。どんなマルウェアがいつ、どのような方法で侵入し、どのように感染していったのか。それにより、どのような方法で情報が流失したのか。

状況が解明できたら、次には公表の仕方やタイミングです。炎上や二次被害を最小限に食い止めるにはマスコミ対応も重要なポイントです。

このような危機に、自社だけで対応するのは簡単ではありません。それを支援するのがセキュリティ企業です。このような企業は危機管理専門のコンサルタント企業とも連携していることがよくあります。

もちろん、事故や事件の規模に左右されますが、こうした事後対応には、数千万円という単位の費用が発生します。年間契約を結んでいれば契約料ですべてをまかなうこともできます。

サイバー攻撃の危険性をどの程度深刻に受け止め、事後対応に備えておくべきなのか。ネットワーク社会が高度に発達し、サイバー攻撃とは無縁でいられない時代の企業経営者は、そうした危機管理対応について、常に高い意識を持つことが求められているのです。

2 サイバーセキュリティの戦術

マルウェアを検出する

前節でサイバーセキュリティの戦略をご説明しました。「フィルタリング」が重要でした。ここからはその具体的な戦術についてお話しします。

〝入室管理〟には、メール対策、ウェブ・ブラウザ対策、外部メディア対策がありますが、マルウェアなどの外敵を見つける方法も同じです。監視している場所（入り口）や外敵を見つけた場合の対処法に違いがあるだけです。まず、外敵の見つけ方からご説明しましょう。ファイルはご存じですよね。また、ワードやエクセルなどで作った文書やデータはフォルダの中に保存されています。現実世界でたとえるなら、「ファイル」は文字や図を書いた文書やプリントした写真やＣＤといったもので、「フォルダ」はそれらを収納しているひきだしです。

パソコンやスマートフォンでやりとりする情報はすべてファイルに書かれています。アプリケーションプログラムも実はファイルの集まりです。ですから、ネット上でやりとりされる情報も、ＵＳＢメモリーや外付けのハードディスクなどの外部メディアの中にある情報も、すべてはファイルだと思ってください。情報＝ファイルです。前節では情報（ファイル）としつこく記述しましたが、そのような理由があってのことでした。

ですから、サイバーセキュリティで外敵というときには、悪いことをする「ファイル」のことを意味します。マルウェアももちろんファイルです。これを見つけてエンドポイントに到着させないようにするのが入室管理です。見つけ方にはいろいろな方法があります。順番にご説明します。

指名手配犯を捜す――「パターンマッチング方式」

人間の場合、本人確認にはさまざまな方法があります。顔写真や指紋、生年月日、合言葉などは昔からの方法で、最近では虹彩や声紋など生体情報で本人確認を行うＡＩ技術も登場しています。

ファイルにも本人確認の方法があります。シグニチャーと呼ばれています。原義は署名のことで、1人に1つずつ割り当てられている年金番号のようなものです。すべてのファイルには個別のシグニチャーがあって、同じものはありません。ファイルを作成すると、そのデータやサイズなどの数値が決められた計算式に当てはめられ、そのファイルのシグニチャーが自動的に算出されるのです。ファイルを書き換えるとシグニチャーももちろん変わります。シグニチャーは10桁とか16桁の数字で表されます。

コンピューターウィルスを含むマルウェアの検知にもっともよく利用されている技術が、パターンマッチング方式と呼ばれる技術です。たとえて言うと、指名手配書を配って犯人を捜索するのに似た手法です。

マルウェアもファイルですから、シグニチャーがついています。悪いことをしたり、不審な動きをしたりするマルウェアが報告されると、そのシグニチャーは直ちに「ウィルス定義データベース」に記載されます。パターン・ファイルとも呼ばれています。これが指名手配書です。交番の壁や町内会の掲示板に貼ってあるのと同じです。ほとんどのセキュリティ対策ソフトは、この〝手配書〟に記載されているファイル（マルウェア）が見つかったら、通過や侵入を阻止しているのです。

図表4–3　パターンマッチング方式による検出

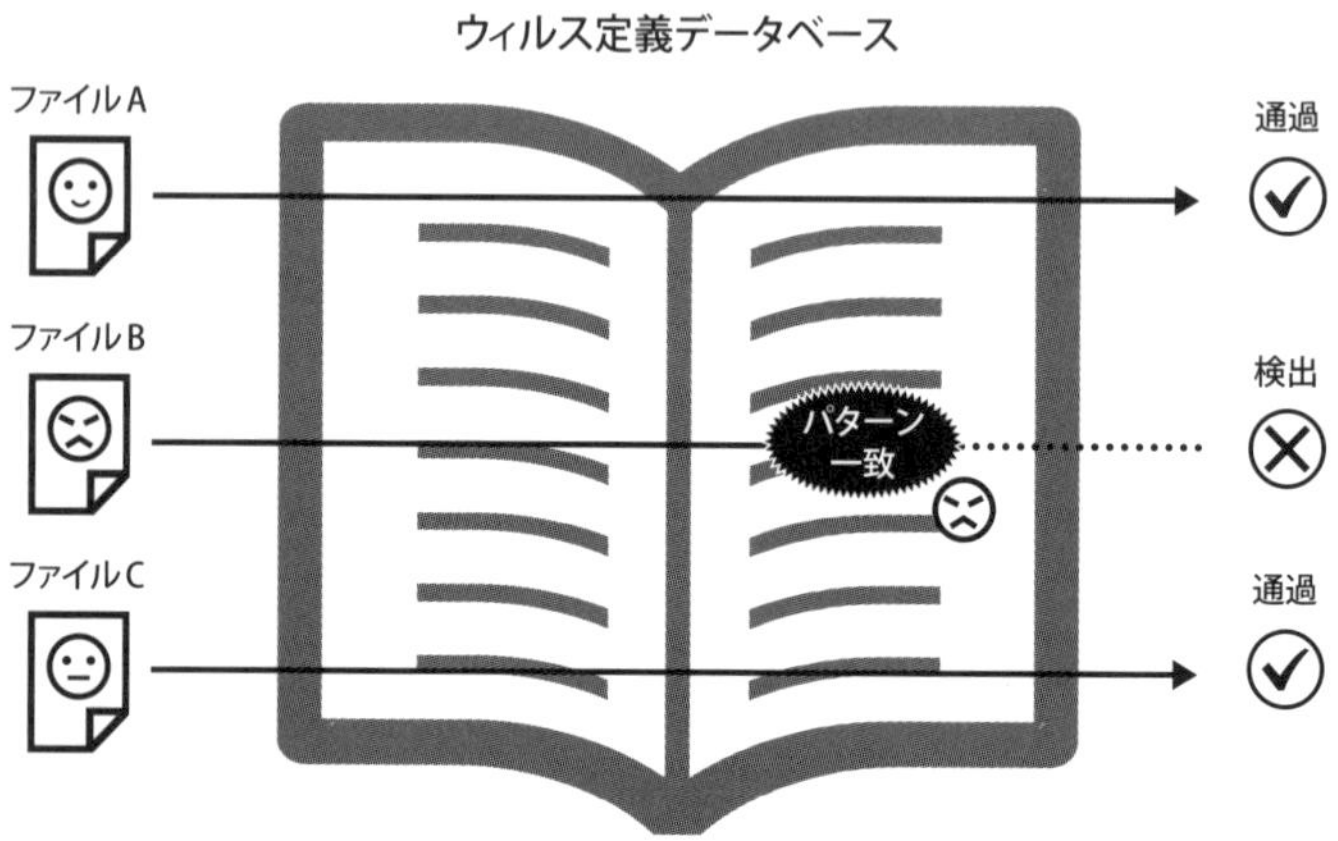

パターンマッチング方式は、シグニチャーで〝本人確認〟を行っているため、誤検知が少ない優れた技術です。論理的には非常に防御力の高い技術だと言えます。

ただ、指名手配されていない、つまり未知のマルウェアには対応できません。しかし、未知のマルウェアが既知になった段階で速やかにシグニチャーを更新・手配できれば、感染するリスクはそれほど大きくありません。

ただし、新しいマルウェアは毎日100万個以上作られていると言われています。と言っても、それまで存在しなかった戦略や機能を持った新種のマルウェアが毎日大量に作られているわけではありません。亜種と言っていますが、元々のマルウェアをほんのちょっとだけ書き換えたものが大量に作られているのです。これは簡単に作ることができます。ファイルの一部をほんの少し変更するだけでいいからです。しかし、それだけでもシグニチャーは変わってしまいます。

新しく生まれるマルウェアが1日100万個以上、1年だと4億個以上になると言われています。これが毎年蓄積されます。ハードディスクの容量で換算すると5ギガバイトです。3年前は700メガバイトでした。3年間で7倍です。例えば、従業員が1000人いるセキュリティ会社で、全員が5ギガのファイルを毎朝更新するだけで午前中が潰れてしまうほどです。そんなことはやっていられません。指名手配犯が多すぎては、即シグニチャーを更新し、即手配書を手配することなどできません。手間と時間がかかりすぎてしまうのです。

そこで、容疑者全員を指名手配するのは諦めて、即対応できるレベルまで指名手配犯を絞り込むということになります。つまり、最近、罪を犯した者だけを手配し、その一方で古い容疑者のデータは削除するという手段をとっているのです。

もちろん、ハッカーは古いマルウェアなど使わないだろうという推測もあります。実際、新しいマルウェアは、最初に発見されてから4時間ぐらいで攻撃のピークに達し、その後は収束していくという統計データもあります。また、自社製品がサイバー攻撃を1度受けたOSやアプリケーションのメーカーは、その脆弱性を改善しデータをすぐに更新するため、その型のマルウェアはすでに有効性を失っているものが多いというのも、古いマルウェアの情報を手配書から外す判断をしている理由の1つです。

もう1つ、セキュリティ企業の技術者が頭を悩ませている問題があります。セキュリティソフトの手配書の更新の問題です。新しいマルウェアが発見されれば亜種であれ何であれ、手配書の更新をしなければなりません。しないと入室管理に穴が開きます。しかし、頻繁に更新していると、ユーザーのパソコンのインターネットへのアクセスが遅くなったり、パソコン自体の動きが遅くなったりという副作用が起こります。その解決策に各社のシステムエンジニアは、今も頭を悩ませているのです。

前科者を疑え――「レピュテーション方式」

レピュテーションの原義は評判、名声といった意味です。レピュテーション方式は、文字通り、ファイルの評判を審査して、不審者を検知する技術です。パターンマッチング方式は論理的にはかなり優れた技術ですが、手配書であるデータが倍々ゲームで増加しているため、すべてのデータを更新し続けることができないという運用面での難点があります。それを補っているのがレピュテーション方式です。

図表4-4　レピュテーション方式による検出

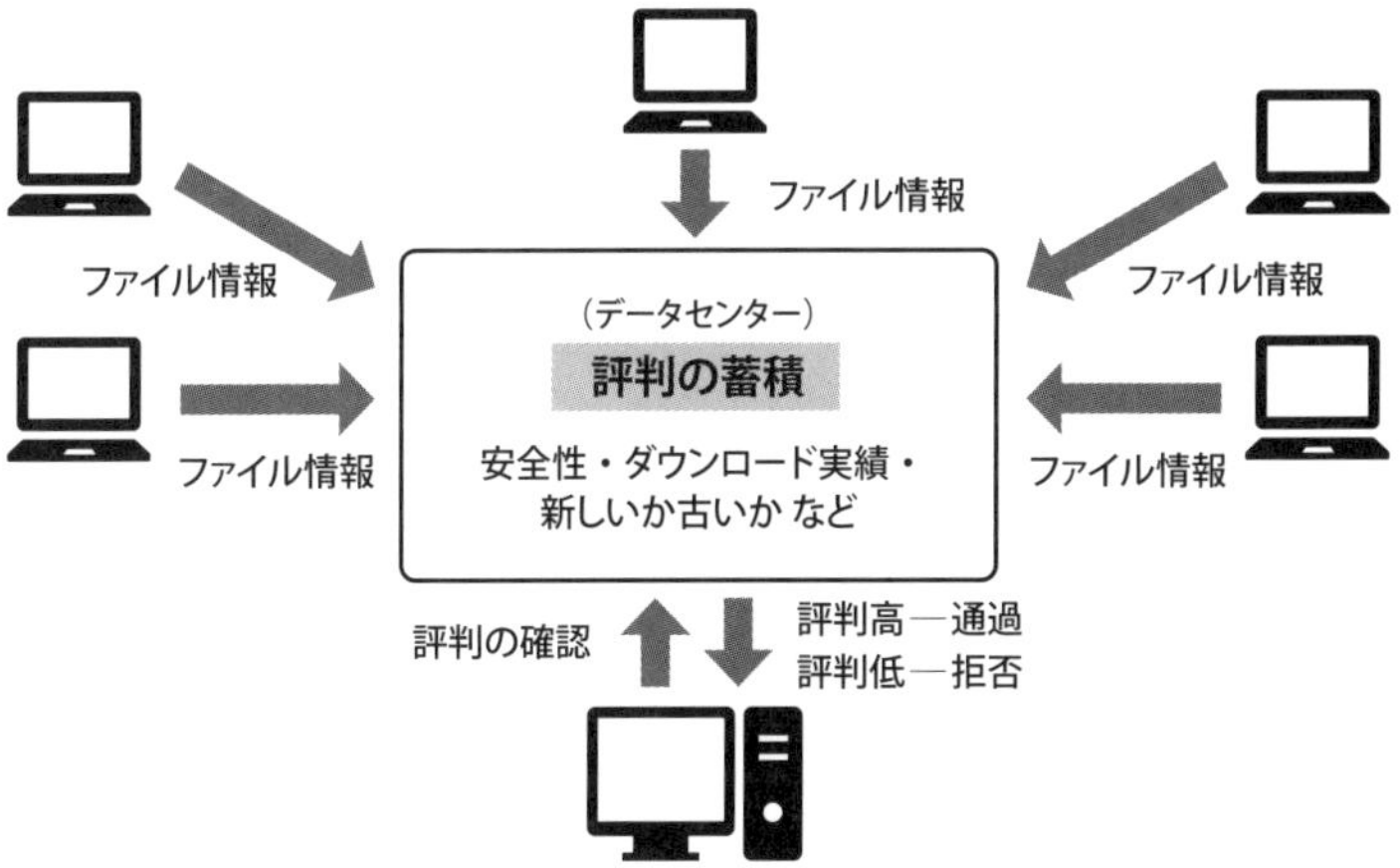

セキュリティ企業は必ずデータセンターを持っています。そこには脅威情報はもちろん、世界中のさまざまなマルウェアその他のデータが収集、蓄積されています。パソコンにファイルが送られて来たときにこのデータセンターに問い合わせをして、そのファイルの評判を確認するのです。会社の人事採用で、出身学校、資格、職歴、健康診断結果などの情報を参考にしているのと同じことです。

レピュテーション方式はグレーゾーンにあるファイルの安全性を見極めるためにも使われます。手配書には載っていないけれど、安全性に不安があるファイルを検知した場合がグレーゾーンです。例えば、照会して、「これまで10万台のパソコンでダウンロードされた実績があるけれど、感染は報告されていない」というような回答ならば、安全と判断できます。反対に、手配書には載っていないけれども、ダウンロード実績が数件しかないようなファイルであれば、閲覧するのは危険です。最初の感染者になる可能性があるからです。

不審者を泳がせ監視する――「サンドボックス方式」

指名手配書にも載っていないし、データセンターでの評判もまずまずだ。それでも、安心はできません。指名手配はされていないし前科もないけれど、品行方正のふりをして裏では悪いことをしているマルウェアがあるかもしれません。そこで、パターンマッチング方式とレピュテーション方式をすり抜けたファイルをさらに審査するのがサンドボックス方式です。サンドボックスとは砂場です。とりあえず、他の場所への出入りは禁止してここで泳がせておいて、変なことをしないか一定時間監視する、という手法です。

サンドボックスは、端末機のメモリー領域の中に隔離されて存在しています。パターンマッチング方式とレピュテーション方式を通過したファイルはまず、隔離エリアに格納します。

門に設置した検問所を通過した訪問客のみなさん、お家に入る前に、ちょっと庭の砂場

図表4-5　サンドボックス方式による検出

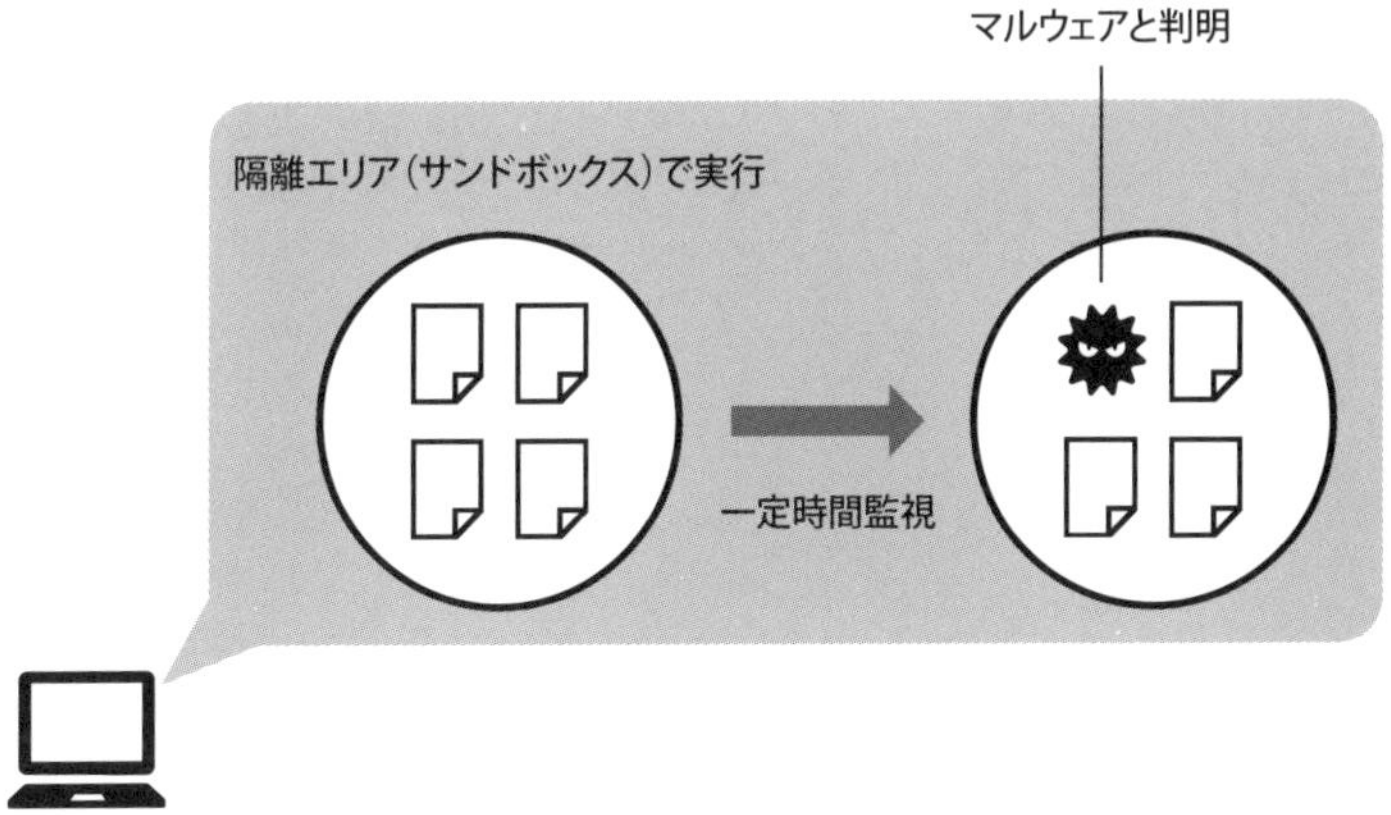

で遊んでいてください、というわけです。砂場は檻になっていて他の場所には行けません。ですが、訪問客には檻であることはわからないようになっています。守衛は訪問客が砂場にいる間に、何か怪しい行動をしないか監視するのです。そこで、品行方正であることが確認できた人だけ、玄関から中に入ることができる。これがサンドボックス方式です。

　とてもよいシステムに見えますが、この方式にも難点があります。折角やって来てくれた訪問客を庭先に長い間待たせておくのは失礼です。それに、家の中ではお客さんの訪問を心待ちにしている主人がいます。

　すべてのファイルをサンドボックスに隔離するといっても、いつまでもというわけにはいきません。ユーザーがいらいらするからです。動作が遅いとセキュリティソフトの評判が落ちてしまいます。

一方で、ファイルは活動を開始しない限り、怪しいか安全か判別できません。マルウェアにはすぐには活動を開始しないものもあります。また、悪賢いマルウェアも開発され、隔離エリアであることを察知し、そこにいる間は、おとなしくしているようにプログラムされたものもあるのです。

そのような場合、いつまでも足止めしておくわけにはいきません。ユーザーがいらいらしない程度の時間で判別できなかったファイルは、やむなく通過させてしまいます。ですから、侵入後しばらく経ってからしか活動しないようにプログラムされたり、隔離エリアを察知するようにプログラムされたりしているマルウェアを排除することはできないのです。

不審者を尾行する──「振舞検知方式」

門の検問で指名手配犯と前科者は排除しました。調べてみたら評判も悪くない。庭先で泳がせて怪しい行動をする不審者にもお帰りいただきました。ご主人さまをこれ以上、待たせるわけにはいきません。ここまでの審査をクリアした人には家の中に入っていただき

図表4-6　振舞検知方式による検出

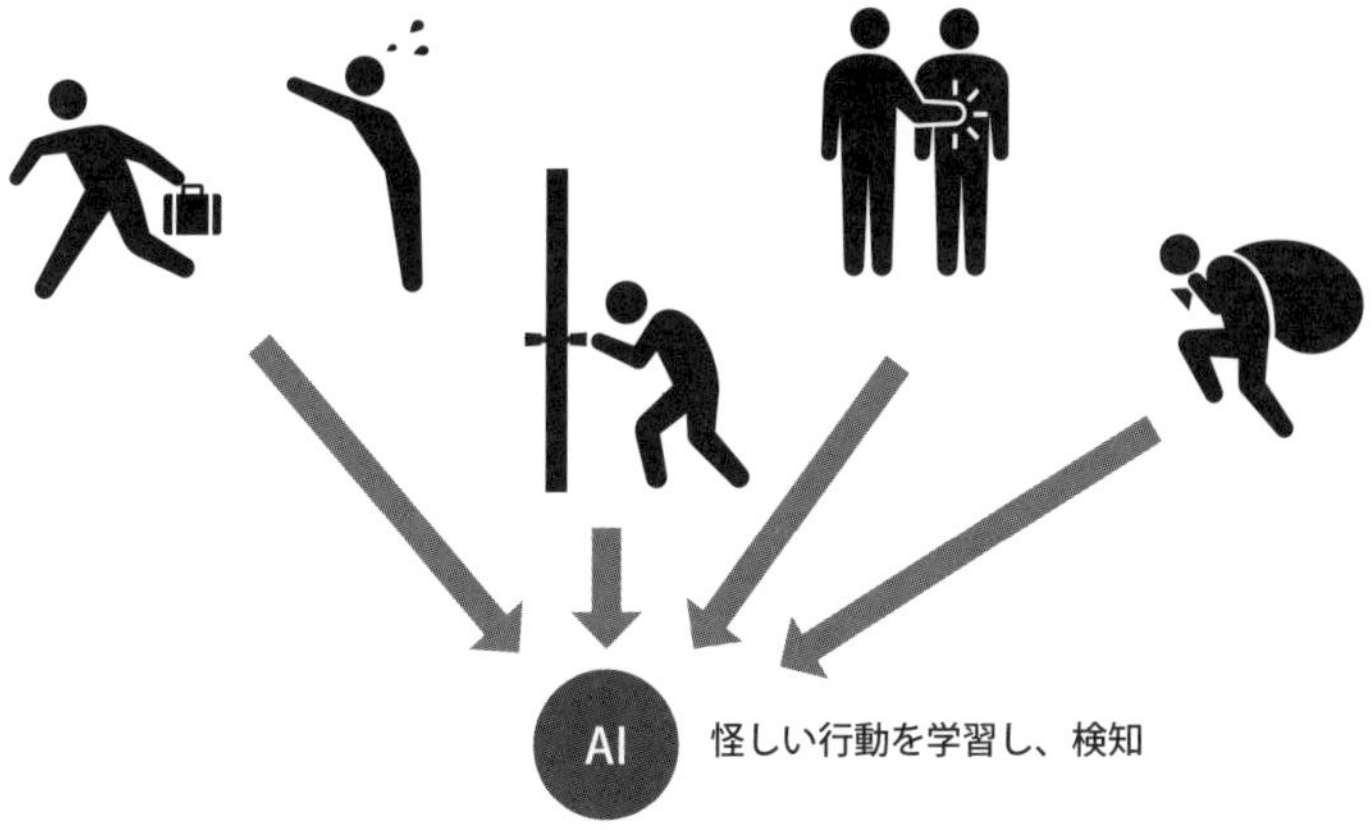

ます。
　それでも、まだ、怪しい人は残っています。その不審者の行動を尾行し、妙なことをしたら強制退去していただく。それが「振舞検知方式」です。
　知人の家を訪問したら、普通は通された場所でおとなしく振る舞います。自分の家ではないのですから、行動範囲も限られます。勝手にキッチンに入っていって冷蔵庫のドアを開けたり、寝室に入っていったりする人はいません。いたら、おかしな人か、何か悪巧みをしている人です。
　ファイルやプログラムも同じです。正常に作動しているプログラムやファイルは、決まった行動しかしません。一方、マルウエアは奇妙な行動をすることが多く、それにはある種の行動パターンがあります。振舞検知方式では、その名の通り、異常な行動をするファイルを排除します。

セキュリティ企業はマルウェアについて膨大なデータを持っています。それにはマルウェアの行動パターンについてのデータもあります。それをAI（人工知能）技術を使ってコンピューターに学習させています。振舞検知方式は、過去のマルウェアのあらゆる行動を学習したコンピューターを捜査員にして、怪しい行動を検知するシステムなのです。

けれど、これも完璧ではありません。マルウェアは日々進化しています。第3章で潜伏するマルウェアのお話をしました。標的型マルウェアです。このタイプのマルウェアは最初のうちは潜入するだけで何も行動しません。ただ、情報を収集しているだけです。どこに何があるか、どんな会話をしているか、留守にするのはいつか……。まるで人畜無害の居候の振りをした盗人です。そのような居候は、最初のうちは怪しい行動を控えつつ、聞き耳を立て目を光らせ、情報を収集しながらチャンスを待っています。金庫に近寄っても疑われない機会をうかがっているのです。そして、そのときが来たら、居候の仮面を脱ぎ捨て、盗人の本性をあらわにします。振舞検知方式で検知しても手遅れです。盗人は捕まえることができても、すでに金庫の中身は盗まれています。

会員限定倶楽部――「ホワイトリスト方式」

会員限定倶楽部というものがあります。なんだか怪しげです。高級感もあります。文字通り、事前に会員登録をした人しか入れない倶楽部です。

ホワイトリスト方式は会員限定倶楽部に似ています。あらかじめ登録したアプリケーション以外はパソコン上で起動しないようにするシステムです。ワードを登録しておくとワードは使えますが、エクセルを登録していなければエクセルは起動しない。そのような方式です。

例えば、メールで送られてきた安全性が確認できない添付ファイルをうっかり開こうとしてしまっても、そのファイルを開くためのプログラムが登録されていなければ、そのファイルは開くことができないので安心です。ホワイトリスト方式ならば、登録したプログラムに関連したファイル以外は、マルウェアが潜んでいようがいまいが、すべてシャットアウトします。マルウェアの侵入の可能性を小さくするためには有効な手段なのです。

かなり安心なシステムですが、欠点もあります。まず、不便です。登録していないプログラムは起動しませんから、新しいプログラムを使うときにはいちいち登録しなければなりません。バージョンアップしたプログラムを使うときも登録のし直しです。また、あります。例えば、ワードは登録しているけれど、エクセルとＪＰＥＧは登録していないとしましょう。すると、純粋なワード文書ファイルは開くことができますが、ワードにエクセルで作った表が貼りつけてあったり、ＪＰＥＧの図表や画像が貼ってあったりすると、そのファイルは開くことができません。

こんなふうに言えるかもしれません。人間の入室管理に例えると、あなたは登録されていて入室することができます。認証には写真を使います。認証用の写真のあなたはジャケットに赤いネクタイをしています。その場合、青いネクタイで入室しようとすると拒否されます。また、お友達を連れて入ろうとしてもだめです。ドアは開きません。そのような不便があるのです。

不便なだけではありません。危険性もあります。登録したプログラム上で動くファイルであっても、安全とは限らないからです。例えば、メールにワードファイルが添付されていたとします。あなたのパソコンのセキュリティはホワイトリスト方式をとっていて、ワードは登録しています。ワードファイルを開くことができます。しかし、このファイルに時限爆弾が仕掛けてあったらアウトです。３日後にマルウェアに変身するような仕掛けです。ホワイトリスト方式では、このような攻撃には対応できません。

以上、見てきたように、サイバーセキュリティにはさまざまな戦術があります。既存のセキュリティソフトは、こうした技術を組み合わせて設計・製造されています。

3 発想の転換――サイバーセキュリティの戦略を考え直す

本章ではサイバーセキュリティの現状についてご紹介してきました。入室管理を徹底するという戦略に立って、さまざまな戦術により防衛策が構築されています。悪い奴は絶対に家に入れないという決意のもとに、サイバー上の出入国管理当局、郵便局などの配送機関、家の門番ががんばっています。

しかし、対策にはいたちごっこの側面があることは否めません。この戦略に留まっている限り、現状では日々進化するマルウェア対策に完璧はありません。戦略の転換が必要です。

ヒントは泥棒にあると、私たちは考えています。留守中に玄関のカギを破ったり、窓ガラスを割ったりして忍び込み、金目のモノを盗んでいく泥棒です。

話をシンプルにするために、盗まれては困るモノはすべて金庫の中に保管してあると仮定してみましょう。実際にはそんなことはありませんが、サイバー上では簡単にそういう状況を作ることができます。

さて、泥棒に入られて一番、困るのはなんでしょう。もちろん、金庫の中身を盗まれることです。金庫そのものを持ち去られること、金庫の鍵を破られることも同じことです。実際には、泥棒に部屋を物色されたり、見られたくないものを見られたりするのも困りますが、サイバー世界では、それは大きな問題ではありません。ウェブ・ブラウザ対策のところで、暗号化していない情報は盗み見される可能性があると書きましたが、盗み見しているのは機械です。盗み見しても機械には意味はわかりません。情報を理解できるのは人間だけですから、困るのは情報を盗まれて（外に持ち出されて）、犯人である人間に読まれることなのです。つまりは、情報を盗まれさえしなければへっちゃらなのです。

だとすれば、泥棒に家に入られたり、部屋を物色されたりすることは、致命的な問題ではありません。やりたいようにやらせておいて、金庫さえ守ればいい、ということです。いたちごっこの入室管理の完璧を追求するより、金庫を死守することができるなら、そこに全精力を集中する方がセキュリティ対策としては優れています。発想の転換です。

入室を管理するのではなく、金庫に対して悪いことをさせない、という考え方です。何か悪いことをしようとする、その行為を未然に阻止するという仕組みです。パソコンのシステムで言うと、システムに何か害を与えようとする不正な行為を未然に阻止して、システムの安全性を確保するということです。

入室管理のようにマルウェアを見つける、つまり検知することが目的ではありません。システムが正常に動作し機能する、それによりシステムの安全性を確保するということです。システムが常に正常に動作し、機能していれば、たとえマルウェアに侵入されたとしても、そのマルウェアは何も悪さをすることができないのです。つまり無害化されるわけです。

このコンセプトのよいところは、今までとまったく違う動きをするマルウェア、つまり未知のマルウェアであっても、システムの安全性が確保できるということです。

これまで説明してきたように、これまでの入室管理の方式では、どうしてもいたちごっこになってしまいます。過去のマルウェアのパターンや振る舞いを記録、蓄積し、それらを基準に入室を管理しているからです。この「過去」の情報に依存することが、従来の入室管理の仕組みの最大の問題点なのです。

ただ単にシステムに対して悪いことをさせない、不正な行為があればそれを未然に阻止する。このような対策がとれれば、未知や既知に関係なく、また過去のマルウェア情報に依存することなく、システム、つまり金庫を強固に守ることができるのです。

サイバーセキュリティの本質は、悪い奴を見つけることではなく、そもそも悪いことをさせないこと、つまりはシステムの安全性を確保するということに尽きます。

「セキュリティ＝セーフティ（安全）」という考えに発想を転換すればいいのです。これが究極のサイバーセキュリティだと私たちは考えています。

第5章

IoT時代のサイバーセキュリティ

1 Connected World

IoT

セキュリティの脆弱性という課題を抱えながら、ネットワーク社会は日進月歩で発展を続けています。後戻りするのは不可能です。

IoTという言葉を耳にしたことがある方は多いと思います。Internet of Thingsの略です。建物や電化製品、自動車、医療機器など多種多様なモノがインターネットに接続され、相互に情報をやりとりすることを言い、インターネットに接続できるモノをIoTデバイスと呼びます。

IoTの世界では、例えば、テレビやエアコンなどを外出先からコントロールできるよう

図表5-1　IoTのイメージ　Connected World

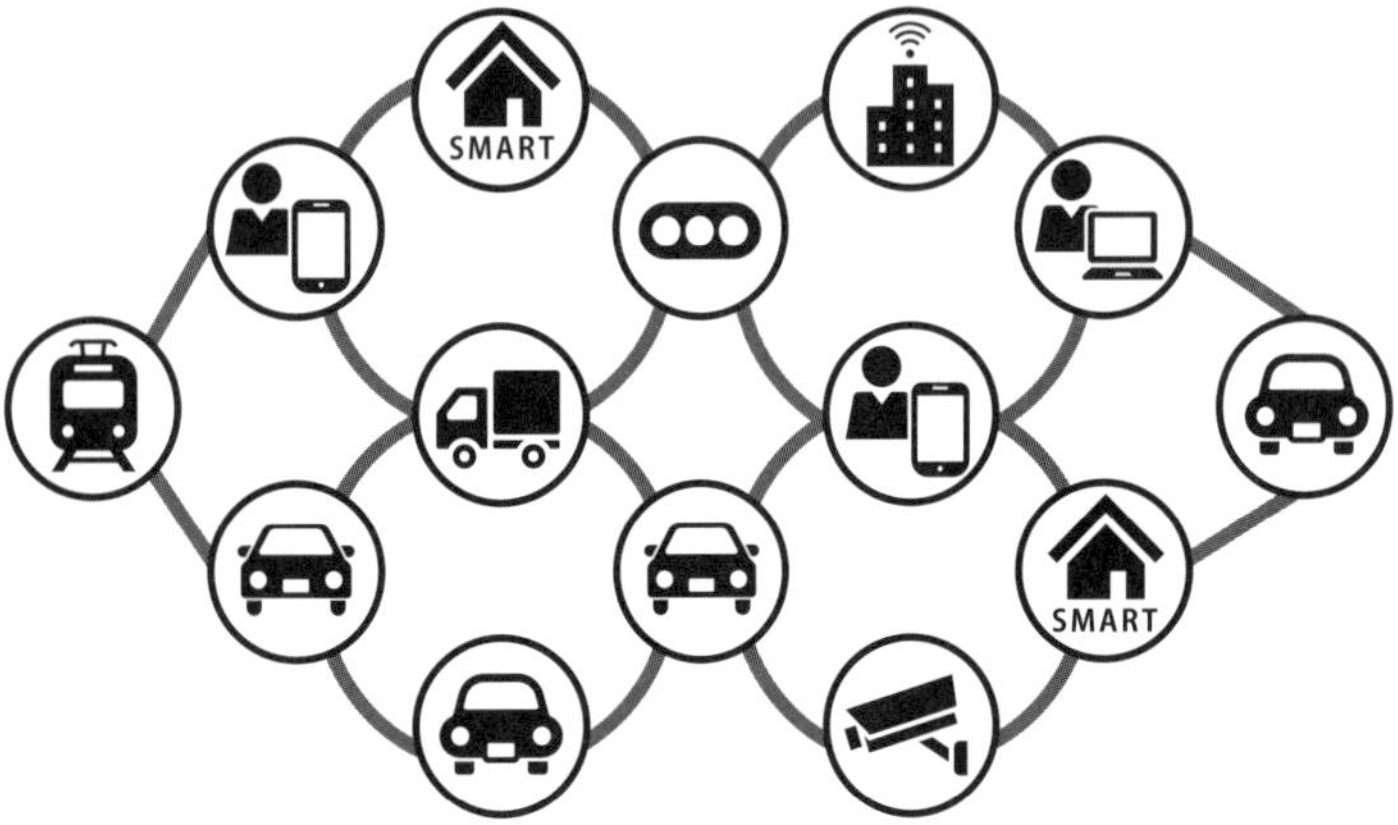

になります。楽しみにしているテレビドラマの予約録画を忘れてもがっかりすることはありません。会社にいても録画予約できます。夏の暑い日や凍えるような冬の日に、帰宅して部屋の暑さにうんざりしたり、寒さに震えたりすることもなくなります。帰宅前にスマホでエアコンを操作できるからです。

電力メーターがインターネットに接続されれば電気料金が安くなるかもしれません。検針の必要がなくなり、電力会社の人件費の節約になりますし、リアルタイムに需要量がわかり、効率的な電力供給ができるからです。

交通渋滞も緩和される可能性があります。自動車に搭載されたセンサーや道路に設置したカメラなどがインターネットに接続されれば、道路情報が共有され、ＡＩ技術などによる適切な指示で、渋滞を未然に回避するシステムができる可能性があります。自動運転車が実現できるとすれば、ＩｏＴは欠かせない技術です。

ご存じの通り、すでにいろいろなモノがインターネットに接続されています。頭に「スマート」がついているモノは、ほとんどがそれです。スマートフォン、スマートテレビ、スマートウォッチ、スマートスピーカー、スマートブック、スマート家電……。

未来予想図

アメリカの調査会社ＩＨＳ社は、２０１６年時点のＩｏＴデバイスの数は約１７３億個に及び、２０２１年には３４９億個に増加すると推定しています。その中にはもちろん、みなさんの持ち物も含まれています。その数は増加の一途を辿るはずですから、10年後にはたいへんな数になっているはずです。

あらゆるモノがインターネットにつながる社会――。それを、私たちはConnected Worldと呼んでいます。

近未来に訪れるであろうConnected Worldはどのような世界になるのか。その日常生活を予想してみました。未来の単身女性の日常です。

スマートウォッチで快適な目覚め

朝。スマートウォッチの目覚まし機能で目を覚まします。時間は決まっていません。スマートウォッチが睡眠状態を記録し、十分な睡眠時間のあとで、眠りが浅いレム睡眠に入ったときに起こしてくれるので寝覚めも快適。気持ちのいい朝です。好きな音楽が流れています。

目を覚ますと、部屋の温度は快適に保たれています。カーテンも自動で開いて、陽光が寝室に差し込んでいます。ベッドから出てキッチンに足を運ぶと、コーヒーの香りが漂っています。スマートウォッチがコーヒーメーカーに指示してくれたからです。

コーヒーを飲む前に、まずはトイレ。便座に座ると体重測定です。ちょっと体重オーバーです。エクササイズメニューが書き換えられました。トイレから出るときには尿検査も終わっています。こちらは異常なし。

キッチンに戻ってAIスピーカーに「今日の朝ごはんは?」と尋ねてみました。「軽めにして、甘さ控えめのスムージーはどう?」と答えます。同時にレシピがキッチンのディスプレイに表示されました。軽めを提案された理由はわかっています。

冷蔵庫を開けます。買い忘れはありません。スマート冷蔵庫が残量を測定して、足りなくなった常備品は自動的に注文してくれます。配送されたものを冷蔵庫に入れるだけ。常備品以外の必要なものだけは自分で購入します。

スムージーとコーヒーの液体だけの朝ごはんを済ませると仕事です。でも、出勤はしません。自宅がオフィスです。ノートパソコンで、どこでも仕事ができます。近所の喫茶店で仕事をすることもあります。

顔認証で完全フレックス制

まず、会社のシステムにログインします。勤務開始です。顔認証なので、私以外の人は絶対に誰もこのパソコンを使えません。今日は朝一番で会議です。VRとARを組み合わせたアプリケーションで、ソファにふんぞり返って仕事をしているのに、オフィスのミーティングルームにいるみたいです。

お昼は、お客さまとのランチミーティングの予定が入っています。VRミーティングで済ますこともできますが、実際にお会いしてランチをしながらお話しすることにしました。お店は、お客さまの好みや健康状態、最近食べた料理、会社の経理の接待費の決まりまで、何でも知っているAI搭載のアプリが選んでくれています。

AIスピーカーが出発30分前を知らせてくれました。約束の時間と場所をスケジューラーに入力しただけです。入力と言っても、音声支援システム搭載ですから、実際は話しかけただけ。あとはスマート機器が連動して移動時間を計算して、外出の支度を始める時間を教えてくれます。着ていく服もアドバイスしてくれます。

出発時間には、マンションの車寄せに自動運転車が待機しています。会社が年間契約しているシェアリングカーです。料金は使った分だけで済みます。出発は、昨夜聞いていた時間より5分早くなっていました。交通渋滞があったようです。渋滞ゼロ社会はまだ実現していません。

部屋の玄関を出ると、スマートロックで鍵がかかると同時にホームセキュリティサービスが稼働し、エアコンは外出モードに切り替わります。照明は点けっ放し、カーテンも開けっ放し、オーディオもそのままですが大丈夫。スマートルームが後始末をしてくれます。

自動車に乗ると、スマートフォンでランチミーティングのお客さまの最新情報をチェックします。準備は万全です。

気の利いた松花堂弁当を食べながらのランチミーティングは無事終了しました。お客さまに、昨夜ちょっと飲み過ぎたからあっさりしたものが食べたかったと、和食のチョイスを喜んでいただけました。

ランチミーティングのあと、2時半に会社のシステムからログアウト。勤務は完全フレックスタイム制で、オフタイムはログアウトします。ログイン中は位置情報で行動が把握されているので、仕事中に買い物をしたりするとすぐバレてしまいます。帰宅前にスーパーに寄り道です。

スーパーの駐車場の大型ディスプレイの前を通ると、特売情報が表示されました。常備品のリストには入れていませんが、いつもよく買っている商品です。

お店に入ると同時にログインしたアプリケーションが、購入履歴やクーポン情報、自宅の食材の在庫情報を分析して、お勧めリストを作成してくれました。リストを参考に食材をエコバッグに入れていきます。朝、体重オーバーを指摘されたのでプリンは我慢。リストにも当然載っていません。アプリで自動精算してくれるので、レジは素通りしてスーパーを出ました。

VRでニュージーランドの郊外を疾走

自動運転車で帰宅。自動車からの指令で部屋のエアコンが作動して、到着する頃には部屋の中は快適になっています。顔認証でエントランスのドアが開きます。共用のロッカーから自動注文の食材を取り出して部屋に向かいます。自室に到着する頃には、玄関も開錠されています。

食材を冷蔵庫に入れてからちょっと運動することにしました。家の近所をウォーキング。体重を管理しているアプリが運動メニューを作成してくれます。超早歩きで45分も歩いたのに、スマートウォッチによると消費カロリーは152キロカロリーでした。もっと運動しましょうだって、余計なお世話です。

帰宅すると、お風呂が沸いています。出かけるときにAIスピーカーに頼んでおきました。お風呂上りのビールは我慢して、夕食の支度です。家にある食材、体重、健康状態を分析して最適なメニューがいくつか提案されています。レシピ付きです。スマート電子レンジで簡単に調理できるものばかりです。

サイバー攻撃、テニス、プロ野球、事件、お買い得情報……ピックアップされた登録ジャンルのニュースを観ながら、お一人さまのディナーです。

食事の後、ちょっと休憩してバイクエクササイズ。VRでニュージーランドの名コースを30分間走りました。

シャワーを浴びてから、就寝前にちょっと仕事。会社のシステムにログインして、今日のランチミーティングのおさらいと、明日の朝の会議の準備です。きっちり1時間でログアウト。

今日こそはと、たまっている録画のドラマをまとめて鑑賞。と思ったのに、2話目の途中で、明日は早朝会議だからもう寝ましょうとＡＩスピーカーからおせっかいな呼びかけが入ります。やむなく寝室へ。ベッドに潜り込むと、静かなピアノ曲が流れ出し、照明が暗くなりました。


いかがでしょうか。こんな時代が、すぐそこに来ているのです。

しかし、そう簡単でもありません。前章までお話ししてきた通り、サイバー世界には危険がいっぱいです。セキュリティは万全とは言い難いのです。誰がいつ被害者になってもおかしくない状況です。ＩｏＴ時代の入り口である今でさえそうなのです。

第１章では、現在の私たちの生活がいかにサイバー攻撃の危険にさらされているかを確認しました。ＩｏＴ時代になると、あらゆるモノがインターネットにつながり、ＩｏＴデバイスが倍加するのです。Connected World が到来すれば、その危険性は現在の比ではありません。

2 新たな脅威

夫婦の会話が盗聴された

前節でIoT時代の未来予想図をSFチックに描いてみました。夢のような生活です。しかし、いいことばかりではありません。利便性と危険性は表裏一体です。すでに、IoTデバイスで、さまざまな事故が発生しています。

AIスピーカーのグーグル・ホーム・ミニに、近くの物音を勝手に録音してグーグル本社に送信するという不具合があったことは、第1章の「日常に潜むサイバー攻撃」で紹介しました。不具合が確認されたのは発売前のことでしたが、2018年5月には、アマゾン・エコーのユーザーに同じような〝事件〟が起こりました。アマゾン・エコーはアレクサのネーミングで有名な音声アシスタント機能を搭載したＡＩスピーカーです。

アメリカのポートランドに住む夫婦にある日、シアトルの知人から電話がかかってきます。「すぐに、アレクサの電源を切って」知人はそう言いました。夫婦の会話を録音したファイルが、その知人に送信されていました。夫婦は悪い冗談かと思いましたが、知人から知っているはずのない会話の内容を聞かされた夫婦は腰を抜かしました。これは明らかに盗聴です。プライバシーの侵害です。

この事件はハッカーによるサイバー攻撃ではありませんでした。抗議を受け、原因を調査したアマゾンは次のように説明しています。

——エコーは２人の会話の「アレクサ」という単語に反応して起動した。その後の会話を、メッセージを送るリクエストだとアレクサは〝理解（誤解）〟した。アレクサは「誰に」と質問し、その後の２人の会話がアドレス帳にある知人の名前に聞こえた。アレクサは名前を確認する質問をし、その後の２人の会話で「そうだ」と言ったと〝理解〟した。このような事例は滅多に起こらないことだが、今後類似の事案が発生しないように対策を検討している——。

この事件によって、ＡＩスピーカーへの不信が増幅されたことは言うまでもありません。

ポートランドの夫婦はハッカーに狙われたのではありませんが、ＡＩスピーカーがハッカーや犯罪者に狙われない保証はありません。すでに早稲田大学の研究グループは、音声を超音波に変換する「パラメトリック・スピーカー」を用いて、最大10メートル離れた場所から超音波を飛ばし、ＡＩスピーカーを乗っ取る実験に成功しています。ＡＩスピーカーには登録したユーザーの声にしか反応しない機能がありますが、音声合成技術を使えば乗っ取りは可能です。

パラメトリック・スピーカーを用いた〝乗っ取り〟も、インターネットを介したサイバー攻撃ではありませんが、パソコンやスマートフォンと同じように、脆弱性を悪用したサイバー攻撃が可能だと、アメリカのＩoＴセキュリティ企業のアーミス（Armis）が公表しています。グーグルやアマゾンのＡＩスピーカーの出荷後ではありましたが、発売する前に公表されたため、自動アップデートで対応し、発売時には脆弱性は修正され、事なきを得ました。しかし、今後、同じようなことが起きる可能性は小さくありません。

日常生活が丸裸に

スマートウォッチ、エアコン、トイレ、ＡＩスピーカー、冷蔵庫、電子レンジ、ホームセキュリティシステム、自動運転車、テレビ、パソコン、スマートフォン……先ほどの未来予想図の1日にあるだけでも、20種類ほどのＩｏＴデバイスが登場しています。その大半にユーザーの個人情報が記録され、そのデータはクラウドのビッグデータに蓄積されています。個人情報といっても、住所や生年月日、フェイスブックアカウントといったレベルの情報ではありません。未来予想図のＩｏＴデバイスが、朝から晩まで、どんなサービスを提供していたか憶えていますか。

目覚める前にはスマートウォッチが睡眠状態をモニタリングしていました。血圧や体温もモニタリングされています。それらはもちろん、ビッグデータに記録されています。毎日の起床時間もそうです。トイレでは体重が測られ、尿検査もされました。冷蔵庫の常備品も毎日の食事のメニューも記録されています。あなたの食事の好みも、よく利用する飲食店も、好きなテレビ番組も、ネット通販での買い物の傾向も、なんでも記録されているのです。それによって、あなたの経済状況も簡単に予想できてしまうのです。

Connected World――あらゆるものがインターネットでつながる世界――では、サイバー空間でさまざまな情報の送受信が頻繁に繰り返されます。別の言い方をすると、サイバー空間ではあなたの生活が丸裸にされているということです。丸裸といっても、もちろん、機械には情報の意味はわかりません。単なるデジタル信号に過ぎません。しかし、ひとたびサイバー攻撃の被害に遭い、その情報が盗まれて人間の手に渡れば、文字通り、あなたの生活は丸裸になってしまいます。

Connected Worldとはそのような世界であり、それが新たな脅威となるのです。

自動運転車でテロ

自動運転車の安全性実現にはさまざまな課題があり、近未来に実用化されるかどうか、専門家の意見は分かれています。しかし、もし安全が担保され実用化されたとしても、サイバーセキュリティの課題は残ります。

サイバー攻撃によって自動運転システムが乗っ取られ、ハッカーに遠隔操作されるようなことが起こる可能性があります。SFアクション映画「ワイルド・スピード」が描いた光景を、現実の社会で目にする日が来ないとも限りません。「ワイルド・スピード」では、自動運転システムを乗っ取られた自動車が遠隔操作され暴走します。もし、テロリストに自動運転システムを乗っ取られたら、都市の交通は簡単に麻痺してしまいます。

また、旅客機の操縦システムは、さすがにIoTデバイスとはならないと思いますが、もし乗っ取られでもすれば、世界中で9・11が再現されかねません。旅客機を使わなくても、自動運転車を大量に乗っ取られてしまえば、同じ規模の犠牲が生まれます。

第2章で発電施設がサイバー攻撃を受ける危険性について指摘しました。もちろん、発電所のような、多くの人々の生活に直結する施設は、外部ネットワークから遮断されています。ただ、あくまで「今のところは」です。IoTデバイスが社会にあふれる状況で、本当に100%の遮断が実現できるのかは疑問です。Connected Worldという時代に、まったく外部ネットワークから遮断されてしまった施設では、利便性が著しく損なわれてしまうでしょう。

電力、水道、ガスなどのインフラ施設がすべて停止すれば、瞬く間に都市生活は崩壊してしまいます。先の北海道胆振東部地震を思い出してください。一部、水道やガスもストップしましたが、電気が通じなくなっただけで、あれだけ多くの人が大混乱に陥ったのです。また、病院が狙われたら、多くの命が瞬時に奪われてしまいます。

想像を膨らませると切りがありません。

それが、Connected Worldの新たな脅威なのです。

3 新たな課題——ＩＴとＩｏＴのデバイスの違い

サイバー空間への入り口

ＩＴの時代とＩｏＴの時代の違いを、セキュリティ対策が求められるデバイスの側面から具体的に見てみましょう。

まず、その数です。インターネットに接続されているデバイスの数が、２０１６年時点の１７３億個から２０２１年には３４９億に増加すると予測されていることは前述の通りです。現在、大きな企業では大雑把に見て１社平均２万台のパソコンを利用しています。パソコンは今後さらに増えていくでしょうし、ＩｏT時代になると、デバイスの数は激増します。セキュリティ管理の対象が膨大になるということです。

オペレーションシステムとプロトコル

次に、オペレーションシステム（ＯＳ）です。ＩＴの世界のデバイスはパソコンとスマートフォンがその多くを占めます。パソコンのＯＳはご存じの通り、ウィンドウズとＭａｃＯＳが大半で、サーバー上にはもう１つリナックス（Linux）というＯＳがあります。スマートフォンのＯＳはグーグルが提供するアンドロイドとアップル社のｉＯＳが大半を占めます。

ＩｏＴデバイスの多くは、パソコンやスマートフォンのような高度な機能を必要としません。センサーやカメラなど比較的単純な機能しか持たないプロセッサーが埋め込まれているだけです。例えば、防犯カメラをイメージしてみてください。防犯カメラはその映像情報をパソコンに送信することができますが、防犯カメラ自体にパソコンのような高度な機能があるわけではありません。ＯＳも単純なものです。そのようなＩｏＴデバイスのＯＳは数多くあります。

ＯＳが違うとセキュリティの方法は変わります。ＩＴ機器のＯＳには、現在稼働している汎用的なセキュリティ・システムが適用できますが、その他の数百種類に及ぶＩｏＴデバイスのＯＳにそれらを適用することはできません。新たなセキュリティ・システムが必要です。

プロトコルも異なります。プロトコルとは、通信（送受信）の手順を定めた規格のことです。プロトコルが同じであれば、異なるメーカーの通信端末機同士の通信ができます。パソコンやスマートフォンなどの通信端末がネットワークに入るときに使う共通言語のようなものと考えてください。ＩｏＴデバイスも通信端末です。

パソコンやスマートフォンで利用されているプロトコルはほぼ２種類です。ＵＤＰ、ＴＣＰが大半を占めています。このいずれかであれば、汎用的なネットワークセキュリティで対応できます。

一方、ＩｏＴデバイスにはおびただしい数のプロトコルがあります。もともと限られた範囲の中で簡単な情報の通信をすることしか想定していなかったため、汎用性には無関心で、各メーカーがそれぞれ独自のプロトコルを作って使用していたからです。

プロトコルが異なると会話が成立しないため、現状ではＩｏＴデバイスには汎用的なＩＴセキュリティを適用できません。つまり、ここにも新たなセキュリティ対策の必要が生じているということです。多種多様なプロトコルのデバイスを汎用的に守るセキュリティ・システムが絶対に必要だということです。

アップデート環境

もう1つ重要なのはアップデート環境の違いです。パソコンやスマートフォンなどのＩＴ機器は、セキュリティの脆弱性が見つかったり、新しい機能が開発されたり、機能が改善されると、通信機能を利用して頻繁にアップデートされます。システムやアプリケーションから、「更新情報があります」、「アップデートしますか」とよく尋ねられることがあると思います。この更新機能で機器やそのＯＳのセキュリティが保持されています。しかも、そのほとんどは無償です。

また、パソコンやスマートフォンのライフサイクルは短く、多くのユーザーが3年から5年で買い替えることが多いため、最新のセキュリティ機能を持った機器が普及しやすいという傾向があります。

ＩｏＴデバイスの場合、そうはいかないものも多数あります。まず、通信を利用してアップデートする機能を備えたデバイスは限られます。冷蔵庫やエアコンなどの家電製品をイメージしてみてください。通信でアップデートするには、ユーザーの許可が必要ですが、そのためには、ユーザーがアップデート情報を認識するためのディスプレイや、承認したことを通信するための入力機器、また、言語を使って情報の授受を行うための文字入力をサポートするソフトウェア、そのソフトウェアを動かすためのパソコンが必要ですが、それでは製造コストが嵩み、商品が高価になってしまいます。

更新が必要な場合、ＩＴ機器でＩｏＴユーザーに知らせる方法が考えられますが、更新するためには実際に業者に訪問してもらい作業してもらうか、製品自体をメーカーに送って対応してもらう必要があります。手間も費用も嵩みます。更新が頻繁であることを考えると、そんなことはやっていられません。

冷蔵庫やエアコンを3年で買い替える人もまずいないでしょう。ホームセキュリティや給湯システムになるとそのライフサイクルはもっと長くなります。そうなると古いセキュリティ対策のままにとどまり、新しい脅威に対応できないということになります。

このようにＩｏＴデバイスには、サイバーセキュリティ上の課題が山積しているのが実情です。この問題を解決できないまま、ＩｏＴデバイスの数が倍々ゲームで増加していく状況を看過することは到底できません。

4 ネットワーク・インフラの課題

移動通信システムの歴史

あらゆるものがネットでつながり、情報をやりとりするConnected Worldでは、情報通信量が今とは比較にならないほど膨大になります。現状の4G（第4世代移動通信システム）では、通信許容量が小さ過ぎて、通信が滞ってしまうのは火を見るよりも明らかです。自動車の増加に道路の整備が追いつかず、交通渋滞が日常化しているのと同じです。Connected Worldを実現するには、ネットワーク・インフラの整備が必要不可欠です。

4Gという言葉を目にしたり耳にしたりしたことがある方は多いと思います。少し前までは、3Gと言っていました。では、そもそも「G」とは何でしょうか。「Generation」の頭文字です。つまり、3Gというのは第3世代の通信規格で、現在は4G、第4世代の通信規格ということになるのです。

ここで、無線通信の歴史を少し勉強しておきましょう。日本で初めて無線電信実験に成功したのは1897年のことです。旧逓信省（現在の総務省）の研究プロジェクトの実験でした。1912年には携帯電話の元祖「TYK式無線電話」（発明者である鳥潟・横山・北村3氏の頭文字から命名）が発明されます。使っていたのはほとんど軍隊でした。

移動通信が一般に普及するのは太平洋戦争終結の後です。警察無線、船舶電話、列車電話で実用化されました。1968年にはポケットベルが登場します。もう、その存在すらご存じない方も多いと思います。一般に普及したのは1980年代でしたが、携帯電話の登場ですぐに姿を消します。1970年の大阪万国博覧会では、電電公社（現NTTグループ）が日本初の携帯電話を出展しています。この技術を使ってコードレス電話が普及しました。1979年には自動車電話のサービスが開始されました。重さ7キロ、体積は7リットルでした。そして、1987年、日本初の携帯電話のサービスが開始されます。当初はアナログ通信でした。

図表5-2　通信規格の進化

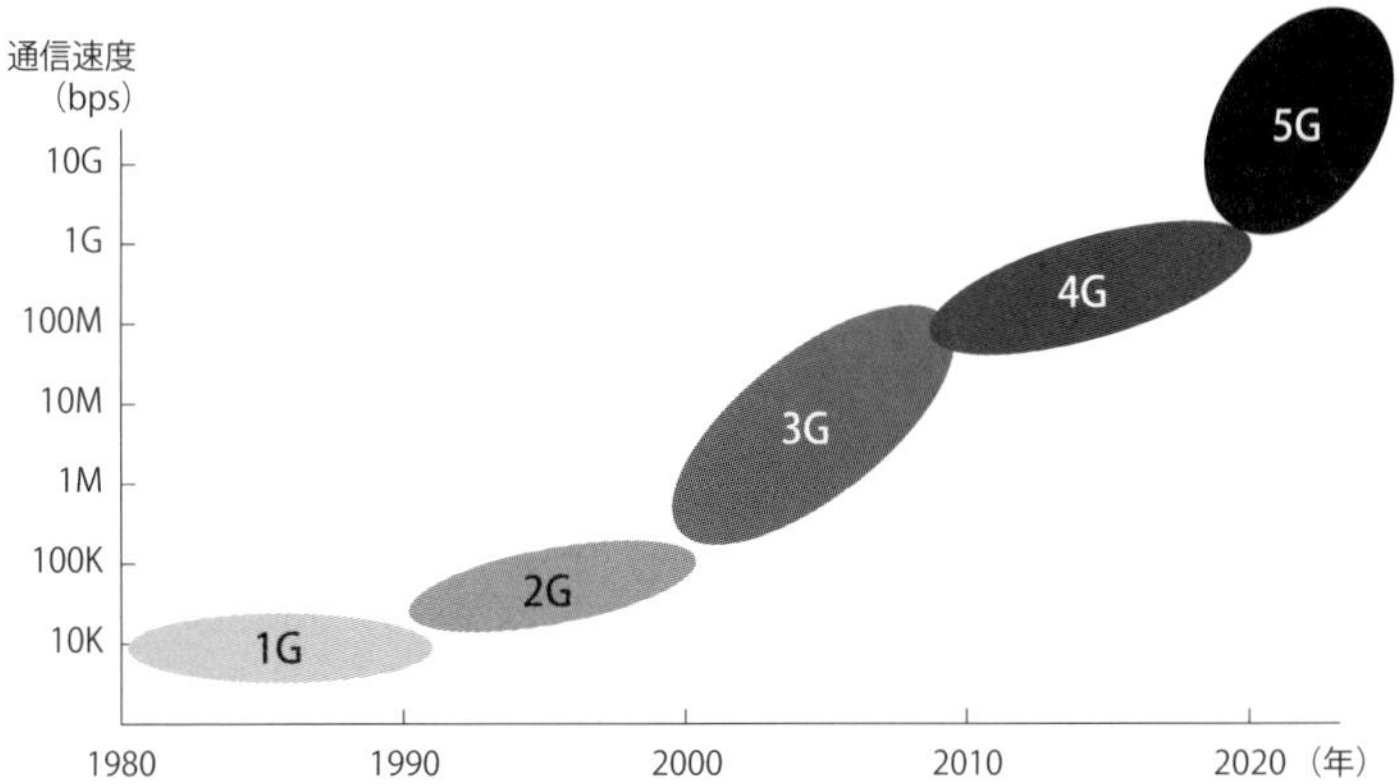

自動車電話などに利用されていた移動通信システムが１Ｇです。まだアナログです。

１９９３年、デジタル携帯電話のサービス開始にともない２Ｇが整備されます。ガラケーの登場です。携帯メールが使えるようになりました。１９９９年には携帯電話のインターネット接続サービスが開始されています。

21世紀になり２００１年、日本で、世界で初めて３Ｇの商品サービスが開始されました。「次世代型携帯電話」に対応するインフラでした。スマートフォンのことです。

そして、現在は４Ｇの時代です。光ファイバー並みのデータ通信を実現し、通信速度は最大１Ｇｂｐｓです。

5G――第5世代移動通信システム

Connected Worldの実現に不可欠なインフラとして、現在、世界中で5G（第5世代移動通信システム）のインフラ整備が進められています。

4Gまでで重視されていたのは通信速度でした。音声だけの通信だった初期の携帯電話に、メールの通信、画像の送受信、インターネット接続などの機能が加わっていき、増大する一方の通信量に対応するためでした。

4G時代の主力端末機は、言うまでもなくスマートフォンです。いろいろな機能がありますが、データ通信という観点からは、通話、電子メール、インターネット接続の機能しかなく、インターネットに接続するのは、主にユーザーが操作したときだけです。

一方、Connected Worldでは、ユーザーの操作に依存することなくあらゆるものがインターネットに接続されています。寝ている間も、睡眠状態がモニタリングされ、その情報はクラウドのビッグデータに送信され、記録が蓄積されていきます。つまり、ユーザーが操作しなくても常時データ通信がやりとりされていきます。

そのような通信を実現するには、通信速度に加え、同時多接続や低遅延への対応が不可欠です。5Gは、それらを重視し、「高速大容量」、「多接続」、「低遅延」の3つの特徴を持つ移動通信の規格です。1Gが畦道、2Gが舗装道路、3Gが県道、4Gが国道だとすれば、5Gは高速道路網です。

5Gインフラ整備の課題と隠された脅威

移動通信システムのインフラ整備とは、具体的にはアンテナのある基地局網の整備です。全国津々浦々に基地局を立てて無線通信網を築き、それを電話回線網と接続します。

4Gまでの移動通信システムのインフラは、日本では国内の主要企業が担ってきました。海外では、スウェーデンのエリクソン、フィンランドのノキア、韓国のサムスン電子といった企業がその役割を担っています。

ところが、5Gの整備が始まろうとしている今、中国のファーウェイとZTEが、世界中でインフラ整備事業のシェアを拡大しています。低価格を武器に、アフリカなどの途上国などでシェアを広げています。

危機感を強めたアメリカは中国企業の参入を制限しており、2018年8月にはオーストラリア政府はファーウェイとZTEのサービス提供を禁止しました。日本は通信事業者がファーウェイと共同で実証実験を実施するなど融和的でしたが、同じく8月、日本政府はファーウェイとZTEを入札対象から除外することを決めました。

中国企業だからいけないというのではありません。情報通信のインフラを、どの国であれ外国企業に委ねることに問題があります。

総務省の「情報通信白書」(2017年版)によると、日本国内のモバイル端末の普及率は94・7%、パソコンのそれは73%です。日本で生活する人の大半がモバイル端末を使っています。日常の連絡にはほとんどの人がモバイル端末を使い、あらゆる情報がやりとりされています。

Connected Worldではその量が今の比ではなくなるのは、すでに見てきた通りです。情報社会では、情報通信インフラは、電気、水道、ガスと並び、人々の生活にはなくてはならない社会基盤となります。

水道事業は地方自治体が担っています。電気、ガスの事業者は民間ですが、公共性が強い事業ですから厳しい規制があり、少数の事業者が寡占の下、国の強い保護下を受けます。そういった事業に外国企業が参入することは考えられません。

国際紛争が発生し対立関係になったときに、安全保障上、電力やガスが人質に取られるようなことがあってはならないからです。情報通信事業にも、ずいぶん緩和されたとは言え、いまだに厳しい規制があります。まったくの自由競争ではありません。

にもかかわらず、情報通信インフラに外国企業が参入できるという状況は、危機管理上著しく不適切です。情報通信インフラの事業者は、いくらでもバックドアを設置することができます。バックドアとは、情報通信システムに不正に侵入するための接続経路です。その意図さえあれば簡単に実行することができ、インフラの利用者はそれを阻止するどころか、認知することもできません。情報は盗まれ放題になることもありえます。

第2章を思い出してください。世界では、国家と深いかかわりを持ったハッカー集団が暗躍し、サイバー戦争が繰り広げられているのです。日本も無縁ではありません。当然のように標的にされています。

情報通信インフラを外国企業に委ねるのは、日本国内のデジタルデータをどうぞご自由にお使いくださいと言っているのと変わりありません。

インフラの問題も、Connected Worldに向けての新たな課題と脅威なのです。

5 何を守るか──Connected Worldのサイバーセキュリティ戦略

今、世界中で猛烈な勢いでＩｏＴデバイスが増加しています。社会はＩＴの時代からＩｏＴの時代へ移行しつつあります。

ＩＴの時代にはサイバー（インターネット）世界への入り口はもっぱらパソコンと携帯電話（スマートフォン）に限られ、情報の通信は人間の操作を契機とするのが基本でしたが、Connected Worldでは様相が一変します。多種多様なＩｏＴデバイスがサイバー世界の入り口となり、情報の多くは自動的に通信されるようになります。

悪意を持ってサイバー攻撃を企てる側からみると、攻撃の方法の選択肢が増えるということです。ドアが１つしかなかったコンクリート造りの要塞が、屋根と柱しかない東屋に変わってしまったように見えているかもしれません。

第３章で現状のサイバー攻撃の手口について、第４章でサイバーセキュリティについて、くわしく紹介しました。サイバーセキュリティ会社は、マルウェアの侵入を防ぐため、入り口の防御に心血を注いでいます。しかし、東屋のようなConnected Worldのサイバーセキュリティは、「入り口を守る」という発想では太刀打ちできません。発想を転換した戦略の練り直しが不可欠です。

第4章で、サイバーセキュリティの現状についてお話ししました。入り口の防御だけではいたちごっことなって、完璧なセキュリティを求めるとキリがない。入り口の防御ではなく、金庫の死守に発想を転換すべき。それが、私たちの結論でした。同じように、Connected Worldで守るべきものは何か。そこに、発想の転換の糸口があります。

Connected Worldでも守るべきものは1つ。金庫です。IT時代と同じく、コンピューターやクラウドにある情報そのものです。Connected Worldでは、「入り口ではなく金庫だけを死守する」という発想に立った対策がより有効になるでしょう。

IT時代との顕著な違いは、Connected Worldではあらゆるものがつながっている、ということです。IT時代――つまり、現在ですが――には、基本的にはつながる相手は自分で選択しています。メールやラインで情報をやり取りするときも、ウェブサービスを利用するときも、自ら能動的に相手とつながります。信頼できない相手とは通信しないのが基本です。しかし、Connected Worldでは、さまざまなデバイスが自動的につながっています。自分が使っているデバイスが勝手に外の世界とつながっているのです。

そのような世界で「情報」を死守するには、つながる相手との信頼関係が非常に重要になります。信頼できない相手とつながってしまうと、情報を盗まれたり改竄されたりする危険性が高まります。ですから、信頼関係の管理はConnected Worldの大きな課題です。

つながる相手が信頼できるかどうか。それを確認するには相手が誰であるかを徹底的に検証することです。ちょっとでも不審なところがあれば、そんな相手とはつき合わない方が安全です。

しかし、反対の立場になるとどうでしょう。私は誰かとつき合いたい。つき合ってもらうためには、私が誰であるかが相手に徹底的に検証されなければなりません。それはとてもストレスになり負担を感じることです。誰でも他人には知られたくないことを持って生きています。それに、誰かとつき合うためとはいえ、プライバシーをすべて晒すのは非常に危険なことです。しかも、そういうことが自分の知らないところで自動的に行われてしまうのです。

このように、信頼関係の管理とプライバシーの保護の両立は、非常に難しい問題です。だからこそ、Connected Worldでは、それらを両立させる技術がどうしても必要なのです。

つまり、互いのプライバシーは守りながら、信頼関係を管理する技術です。

サイバー世界での信頼関係――トラスト――の管理

多種多様なIoTデバイスを介して膨大な情報がやりとりされるConnected Worldのサイバーセキュリティにとって、最も重要なことは信頼関係の管理です。それを私たちは「トラスト」という言葉で表現しています。

トラストの管理ができなければ、Connected Worldは実現できません。信頼関係の管理とは、サイバー空間で情報をやりとりする相手、つまり、つながる相手が信頼できる相手かどうかを継続的に判断して、不正な相手との接続を事実上遮断し、信頼できる相手とだけ情報のやりとりをするシステムを作ることです。これが実現できれば、安心してConnected Worldの利便性を享受できます。

そんなことができるのでしょうか。できます。少なくとも、理論上はできるのです。それには認証と暗号化などの技術を使います。

認証

認証とは信頼できる相手を選別するための技術です。実世界では至るところで認証が行われています。私たちは、人の顔を見たり声を聞いたりして、知っている人と知らない人を区別しています。これが最も基本的な認証です。知っている人なら、信頼できるか信頼できないか判断できます。知らない人なら、別の方法を使います。IDで身元を確認したり履歴書を見たりすることで判断します。

日常でよく使われる本人確認は認証と同義の言葉です。目の前にいる人や電話口にいる人、サイバー空間でやりとりをしている相手(人間)が、本当に自分の認識している人かどうかを確認することです。生年月日や住所、電話番号などの基本的な個人情報で確認するのが基本ですが、厳密な認証の必要がある場合は、暗証番号や生体認証を利用することもあります。

これと同じことをサイバー空間で行うのが認証の技術です。この技術が確立されれば、信頼できる相手を選別することができます。

暗号化と暗号キーの管理

認証によって、つながっている相手が信頼できることは確認できたとしましょう。しかし、それだけでは安心できません。その相手との通信を誰かが覗いたり、盗み聞きしたりしている危険性があるからです。

第4章で紹介した暗号化の技術を使えば、これを防ぐことができます。すでに実用化され、暗号化はプロトコル（通信する上での手順や決まりごと）で行います。

暗号化の技術で重要なのは、情報を受け取った側が暗号化された情報を解読するための鍵の管理です。家の玄関にいくら堅固な錠をつけても、鍵をポストや植木鉢の下に隠しておいたのでは、すぐに見つかってしまいます。鍵を持ち歩いていたら落としてしまうかもしれません。

サイバー空間でも同じです。ハッカーは日々、暗号を解読しようと血眼になっています。そのため、暗号化のプロトコルを定期的に変更したり、鍵を頻繁に更新したりして、セキュリティを高める必要があります。

暗号化の完璧な技術があれば、インフラの問題も解決できます。仮に、外国企業による5Gインフラにバックドアがあって情報が漏洩しても、それを解読することはできません。ラテン語を知らず、教師もおらず、辞書も文法書も持たない人が、ラテン語の文献を手に入れるようなものです。暗号が解読されなければ、問題はありません。

アテステーション

さて、認証によって相手の信頼性を確認し、通信を暗号化し、鍵の管理にも万全を尽くすことができました。でも、まだ心配なことがあります。そもそも、相手本人の信頼性が確認できたとしても、相手が持っているパソコンやスマートフォンなどの通信機器自体がマルウェアに感染していたらアウトです。ハッカーが信頼できる相手の機器を乗っ取り、なりすましていないとは限りません。

その危険を回避するには、認証と同時に相手のデバイス自体の安全性を確認しなければなりません。これをアテステーション（立証技術）と呼んでいます。その技術の確立もぜひ必要になります。

プライバシー

トラストを管理する技術が確立されたとしても、そのために、プライバシーが丸裸にされてしまうようでは、その技術を利用する人はいません。Connected Worldではあらゆるものがネットワークでつながり、膨大な情報がクラウドに蓄積されて必要に応じて利用されます。そこには、もちろん、人にはあまり知られたくない情報もあるでしょう。

例えば、未来予想図で描いたように、スーパーに入店する際、駐車場のディスプレイに前を通り過ぎる人に最適の広告を表示するというようなこともできるようになります。今もすでに、パソコンやスマートフォンでウェブサイトを閲覧すると、ユーザーの検索履歴や購入履歴から、お勧め商品やサービスの広告が示されますが、それと同じような広告が街角で表示されると想像してみてください。

自分の好きな食べ物や読みたい本などが多くの人の目に晒されるのは非常に不快ではありませんか。このようにConnected Worldでは、ＩｏＴデバイスによって収集された、人に知られたくない情報が露見してしまうかもしれないのです。


一方で、プライバシーに関わる情報がわかったほうがいい場合もあります。例えば、交通事故に遭って病院に搬送されたような場合、意識もなく、身内への連絡も取れない、そのようなときには、血液型や病歴、服用中の薬などの個人情報がすぐにわかると役立ちます。

プライバシーに関わる情報であっても、適切に活用すればその人の利益となることもあります。しかし、無制限に公共の場所で暴露されるのは論外です。つまり、Connected

Worldでは、プライバシーを自律的に守る仕組みや方法が必要であり、これからの大きな課題になるのです。

秘匿認証技術

トラストの管理とプライバシー保護の両立は非常に難しい課題です。トラストの管理に必須の認証では、プライバシー保護と対立する局面が現れます。

認証には個人情報を利用します。個人情報はプライバシーそのものです。認証のために個人情報を安易に開示すると、プライバシーが侵害される恐れがあります。

これを解決するには秘匿認証技術の確立がぜひ必要です。サイバー空間での情報のやりとりで、個人情報を開示せず個人を特定せずに、信頼性を認証できるような技術です。例えば、自動運転車の場合、所有者や乗車している人の個人情報は必要ありませんが、その自動車の信頼性は担保されなければなりません。そのようなときに、個人情報を開示しなくても信頼性を認証できる技術が必要なのです。

3S——次世代型セキュリティソフトの条件

Connected Worldの安全安心の守護神となる次世代型のセキュリティソフトウェアは、3つの条件を満たしていなければなりません。

1つ目はもちろんSafety、安全です。セキュリティソフトウェアは、IoTデバイスを介してサイバー空間を縦横に駆け巡る情報、信頼関係、プライバシーを守る安全性に優れたものでなければなりません。

そのためには、前述した「認証」、「暗号化と暗号キーの管理」、「アテステーション」、そして「秘匿認証技術」の確立が必要です。

2つ目はSmallです。IoTのあらゆるデバイスに対応できる、汎用性の高いセキュリティソフトは、軽量で小さく、高速・高性能かつプロセッサーへの負荷が小さなものでなければなりません。

守るべきはパソコンやスマートフォンなど動作環境が大きいハードだけではありません。

センサーやカメラ、冷蔵庫やエアコンなどに内蔵されるプロセッサーのように小さな動作環境でも正しく稼働しなければならないのです。

最後はSimpleです。ＩＴとＩｏＴの違いでご説明した通り、ＩｏＴデバイスは多種多様です。ＯＳもプロトコルもアップデート環境も多種多様で標準性がありません。すべてのＩｏＴデバイスで動作するセキュリティソフトウェアは、どんなＯＳやプロトコルでも稼働し、アップデートが不要（私たちはそれをSet & Forgetと呼んでいます）でなければなりません。そのためには単純な構造であることが必要です。

次世代型セキュリティソフトウェアの条件は、Safety、Small、Simpleの３Ｓです。この３Ｓがそろって初めて、パソコンやスマートフォンだけではなく、多種多様なＩｏＴデバイスを安心して利用することができるのです。そして、これらを満たす理論と技術は確立されつつあります。

IoT時代の安全安心

産業の空洞化、経済格差の拡大、生活実感のない好況など、バブル崩壊後の日本経済で明るい話はあまり聞いたことがありません。社会には長期にわたり閉塞感が漂っています。しかし、Connected Worldを迎えようとしている今、日本経済には明るい未来の可能性があります。私たちはそう考えています。

IoTを産業の視点で捉えると別の世界が見えてくるはずです。日本には世界に冠たる自動車メーカー、家電メーカーもあります。スマートシティ化の先陣を行くのは日本です。水道、電力、ガスなど、世界屈指のインフラが整備されているのも日本です。

Connected Worldでは、そのすべてがIoTデバイスになります。つまり、日本にはIoT時代を迎えるにあたり、産業で世界をリードできる要素がそろっているのです。

ただ一つ足りないものがあります。それがサイバーセキュリティです。自動車がある、家電製品もある、スマートシティもある。すでに日本の多くのメーカーがIoTデバイスとしての製品を世に送り出しています。しかし、デバイスの先にあるものに必ずしも関心が高いとは言えません。つながりの安全性だけが確保されていないのです。それでは画竜点睛です。

サイバーセキュリティの分野で世界をリードする技術を確立することができれば、日本経済には明るい未来が待っています。最先端のサイバーセキュリティによってつながりの安全性が担保されれば、IoTデバイスの競争力が飛躍的に高まっていくことは間違いありません。

それを実現できるのは、次世代型の3Sの条件を満たすセキュリティソフトウェアに他なりません。

Connected Worldが明るい未来であるために、私たちもサイバーセキュリティ分野で世界をリードする技術開発の一翼を担いたいと願っています。

Safety for the Connected World――IoT時代の安全安心はすぐそこまで来ているのです。

おわりに

株式会社Blue Planet-works　代表取締役社長　中多広志

いかがだったでしょうか。初心者の方でも読みこなせるように「サイバーセキュリティ」全般にわたって、なるべくやさしくまとめてみました。

多少なりとも、現在、私たちが置かれているサイバー環境と新しい脅威を理解していただけましたでしょうか。

ここで、最後に少しだけ、私たちの会社の誕生にまつわる話をさせてください。

株式会社Blue Planet-worksは、元々株式会社KeepTreeという会社でした。ニューヨークのKeepTree,Inc.という会社の100％子会社で、99年先までの指定した日時にビデオメッセージを送信するというサービスを提供していました。

私はアメリカ本社の会長と日本法人の社長を務めていました。本社のCEOは私の古くからの親友で、KeepTreeの事業は、彼が医者に余命宣告されたとき、自分の死後も、子どもたちそれぞれの未来のイベントごとに、そのときにふさわしい、親としての想いを届けたいという気持ちから始まったサービスでした。つまり、自分がいなくなっても、「想い」、「安心」を子どもや孫に伝えることが大切ではないかと考えたことが事業の始まりだったのです。

この事業を展開しているうち、アメリカ軍の悩みを耳にしました。海外に派遣されているアメリカ軍の兵士と母国アメリカの家族との連絡があまりうまくいっていないということでした。それぞれの通信環境や時差などの問題で、円滑なコミュニケーションがなかなかできないというのです。そこでは時差も超えるKeepTreeのサービスが最適だったのです。

来週水曜日は息子の誕生日、でも軍人の自分は海外で演習中という場合に、アメリカ時間の来週水曜日の朝8時に息子にビデオメッセージが届くようにできるのです。また、自分の万一に備えて、息子が20歳になる誕生日などに、父の想いを伝えるメッセージを送ることもできます。

その「想い」をサイバー攻撃などから守る必要があり、Blue Ridge Networks社という革新的なサイバーセキュリティ技術を持った会社を紹介されたのです。この会社のＣＥＯは元ＣＩＡの幹部であり、そのセキュリティ技術は政府機関に採用され、18年以上破られたことがないという特殊なものでした。

この技術について、サイバーセキュリティ業界では、米国政府機関に導入されている革新的な技術があると噂されていましたが、詳細は知られていませんでした。そんな状況の中で、Blue Ridge Networksは、民間市場に進出を試みようとしていたのですが、長年政府機関との取引しか経験がなく、民間市場への事業戦略の構築が進んでいませんでした。

私は関西大学社会学部卒業後、アメリカで国際経営学の修士号と米国公認会計士資格を得た後、当時の日本長期信用銀行と長銀総合研究所でメディア・通信のＭ＆Ａを担当していました。その間、ニューヨークのメディア専門投資銀行でＭ＆Ａの研修も受け、特に日米間の案件を扱っていました。そのときに弁護士などのさまざまな知己を得ました。

日本長期信用銀行の破綻を機に吉本興業に移り、日本人選手をメジャーリーグに送ったり、アメリカ最強のタレント・エージェンシーとの包括提携、ＫＤＤＩやインテルとの合弁会社の設立、上場などの業務を行い、最後は取締役ＣＦＯとして吉本興業自体の非上場化を担当しました。

取引先であるKeepTreeに、たまたまそういった経歴を持った私のような人間がいたことから、2016年初め、突然、Blue Ridge Networksから、その特殊なセキュリティ技術やソースコードなどの知財と開発者の買収提案を受けました。まさに青天の霹靂でした。

この破られたことがないという稀有なる技術に対して、アメリカにおいても買収に手を挙げる大手ファンドや大企業もいました。KeepTreeは常勤3名、非常勤1名のベンチャー企業でしたから、そんな小さなベンチャーにとって100億円を超える買収プロジェクトは、とてつもない大博打となる案件でした。

しかし、もしかしたらこの技術は、将来日本の産業を守り、そして日本経済の成長の一助になるのではないかと思いました。そして、私たちのような弱小ベンチャーにこんな案件が舞い込んで来たことは奇跡です。社会人としての最後の「ミッション」になるものと、私はこの無謀な試みに賭けてみる決心をしました。

そして、サイバーセキュリティそのものの調査から始めました。

調べてみると、多くの国が、核、放射能、生物、化学兵器と並んで、サイバー攻撃を大量破壊兵器と分類していることがわかりました。

10年ほど前にはカナダ最大の通信会社ノーテルが、ハッキングなどによるサイバー攻撃を8年間受け続け、技術情報から経営戦略までが盗まれて倒産するという事件があったことを知りました。アメリカ軍のF35という戦闘機の機体フォルムがそのまま中国で製造されているということもわかりました。2015年と2016年には、ウクライナで大規模な停電がありましたが、これはサイバー攻撃が原因であると考えられています。

これらのことが日本でいつ発生してもおかしくありません。さらに今後、5G、IoTの環境が飛躍的に広がると想定されていることを考えると、そのリスクはもっと高くなることは間違いありません。だからこそ、サイバーセキュリティの充実が必須となります。

しかしながら、多くのサイバーセキュリティ製品は、アメリカ、ロシア、イスラエル製でした。そして、その技術の基本は、「検知」です。シグニチャーや振る舞いなどからブラックリストを作成し、悪いマルウェアを検知するというものでした。しかし、検知率はどうしても100%になりません。それでは「防犯」に過ぎず、絶対の「安心」を提供できるものではありません。

サイバー攻撃が大量破壊兵器と認められる中、検知率を向上させるという対応策では十分ではありません。しかし、Blue Ridge Networksのセキュリティ技術の特性は、マルウェアを検知することではなく、マルウェアに不正な動作をさせないというところにあります。これならば、安心を担保するものとなるはずです。

個人の大切な情報や「想い」を安心・安全に信頼している相手に伝えることは、ビジネスのみならず人間の生活すべての基本です。つまりKeepTreeの基本的な考え方とサイバーセキュリティがつながったのです。KeepTreeの99年先まで「想い」をビデオメッセージで伝えられる世界の基礎はサイバーセキュリティによって成立すると気づいたのです。サイバーセキュリティで完全な安心・安全を担保することが、これからの社会の基盤になければならないと考え、またその技術を日本のものにできるということに大きな意義があると確信しました。

「世に生を得るは事を為すにあり」。これは坂本龍馬の言葉と言われています。現在のBlue Planet-worksの事務所の壁に、大きく書かれています。この買収案件の遂行は非常に困難を伴うものでしたが、「事を為すにあり」の強い想いだけがありました。

当時、KeepTreeは渋谷の築53年のアパートの一室にありました。耐震も防寒の設備もない安普請の部屋でした。２０１６年暮れから案件成立まで4カ月にわたりそこに泊まりこみました。このサイバーセキュリティ技術がいかに大切かという資料と事業計画を作成し、それを持参して数多くの企業へ買収資金調達に走り回りました。100社を超える企業を訪問しました。

その中で、少しずつ資金調達の目途が立ってきました。しかし、1社が前向きになると別の1社が検討をやめるという一進一退が続きました。そんな時期、ある機関が私たちのセキュリティ技術を検証し、「最高レベル」の評価をしてくれました。ANAホールディングス社にも検証をしてもらった結果、これまでのセキュリティとはまったく異なった技術であり、しかも最良であると評価され、前向きに検討を始めていただきました。

結局、当初の予定から5カ月以上遅れて、2017年4月18日に資金調達を達成し、ようやく案件が成立しました。不安と絶望の中、がんばってくれた社員には頭が下がります。長年つきあいのある友人、知人の有形無形の協力、援助には何度も助けてもらいました。また苦境を知っていても支援を続けてくれた株主のみなさんには心から感謝しています。

案件成立直前に、世界最大規模のサイバーセキュリティ会社の日本法人社長に会いました。彼に私たちの技術を説明すると、そのような技術が可能であれば彼の会社ですでに開発しているはずと言われました。しかし、彼は具体的な特許情報を読み込み、これが本物の革新的な技術であることを理解して、即、入社を決めてくれたのです。給与も待遇も前社と比較にならないようなものでしたが、この技術に賭けてくれたのです。また、あるアメリカのサイバーセキュリティ会社の現地法人ＣＴＯも検証の上、技術を認め、入社してくれました。

そのようなサイバーセキュリティ分野の「本物」の参画があり、やっと陣容が整いました。その後、彼らのネットワークのお蔭で多くの賛同者が入社してくれたことで、今日のBlue Planet-worksがあります。

会社設立当初から私たちを信頼していただき、出資をしてくれた企業、個人のみなさん、私たちの技術を導入してくれた企業のみなさんには、心から感謝いたします。

また、この本の企画から刊行まで、私たちをサポートしてくれた岩本宣明氏と東洋経済新報社・出版局の永濱詩朗氏にも感謝いたします。

２０１８年7月25日には、内閣官房内閣サイバーセキュリティセンターの「政府機関等の対策基準策定のためのガイドライン」が策定されました。ここでは、シグニチャーにより検知する方法以外が推奨され、かつ、私たちの技術の特性や特許がガイドラインに完全に適合することが明確になりました。

私たちはまだまだ生まれたばかりのベンチャー企業です。常に開拓者精神をもって、既存技術と根本的に異なる技術を駆使し、Connected World に向けて新たな統合セキュリティ・プラットフォームの提供にもチャレンジしています。

著者紹介

株式会社Blue Planet-works

2017年4月、ANAホールディングス、第一生命保険、電通、JTB、吉本興業、アメリカのセキュリティ会社などの出資を受け、アメリカのBlue Ridge Networks社が保有するサイバーセキュリティ技術とその開発者、関連する知財などをすべて買収。このサイバーセキュリティ技術は、検知をせずにコンピューターの不正動作を完全防御し、軽量でかつアップデートも不要という革新的な製品を生み出した。Blue Planet-worksはその技術を搭載した「AppGuard」を日米で販売。元々アメリカ政府機関で活用されていたこの製品は、今では日米において数多くの企業に導入されている。

さらに100%子会社として株式会社TRUSTICAを設立し、IoT、5Gなどが実現するConnected Worldに向けて、認証、立証、情報保護、プライバシー保護を提供する「TRUSTICA」を開発。元CIA副長官Mark Kelton氏が会長に就任している。

執筆メンバー

中多　広志
石橋　哲
大森　明央
坂尻　愛明
坂尻　浩孝
塩川　晃平
関　逸平
高橋　由貴恵
高橋　由紀子
田中　梢
谷本　徹
寺田　敏子
中川　恒介
中山　紘平
原口　直道
原田　裕
日隈　寛和
藤原　静代
古谷　隆一
丸山　訓男
皆川　和弘
村田　ミッチェル
山梨　愛
吉澤　清司
Greg Christopher
Jonathan B Loew
Michael Fumai
Stanton D Anderson

決定版　サイバーセキュリティ
新たな脅威と防衛策

2018年11月29日発行

著　者――Blue Planet-works（ブループラネットワークス）
発行者――駒橋憲一
発行所――東洋経済新報社
〒103-8345　東京都中央区日本橋本石町1-2-1
電話＝東洋経済コールセンター　03(5605)7021
https://toyokeizai.net/

ＤＴＰ…………アイランドコレクション
印　刷…………丸井工文社
編集協力………岩本宣明
編集アシスト……塚田理江子
編集担当………永濱詩朗

ISBN 978-4-492-76245-5